D1694335

Christian Meyer-Landrut

David

Gestaltung, Layout und Satz: Rosendahl Borngräber GmbH

Zeichnungen: Christian Meyer-Landrut

Lektorat: Elisabeth Wedding, Michael Bolten

Reproduktion: Yves Sucksdorff

Copyright © 2025

Verlag EDITION CML – Christian Meyer-Landrut, Zöllnerstraße 15, 99423 Weimar

ISBN 978-3-00-081260-6

Christian Meyer-Landrut

David

אֵלִי אֵלִי לָמָה עֲזַבְתָּנִי

Eli, Eli, lama asawtani

Mein GOTT, mein GOTT, warum hast Du mich verlassen?
(Psalm 22,2; Matthäus 27,46)

Vorwort

Mein GOTT, warum hast Du mich verlassen? Schon David sang in seinem Psalm 22 davon, Jesus entfuhr es in seinem letzten Atemzug am Kreuz. Matthäus berichtete davon im Neuen Testament (Mt 27,46). Die verzweifelten Mütter schreien es in tränenschweren Nächten, wenn sie von ihren Albträumen aufschrecken, in denen sie ihre Kinder im Krieg sterben sehen.

Es stöhnen die Alten. Es hauchen die Lungenkranken, deren Inneres vom Krebs verzehrt wird. Es schreien die Verzweifelten, die Hoffnungslosen, die Alleingelassenen. Eli, Eli, lama asawtani – schreien es in allen Sprachen, in allen Gesten, in allen Augen taucht es immer und immer wieder auf.

In diesem Buch möchte ich dem auf den Grund gehen – das Ebenbild GOTTES suchen in David, dem Hirten, dem Harfenspieler, dem Sänger, dem Liebhaber, dem Krieger und König aus dem Stamme Juda, dem Nachfahren Abrahams und dem Vorfahren Jesu. Ich werde die Geschichte von David erzählen, von seinem und meinem Ringen mit GOTT, dieses ewige Scheitern und Verfehlen, um dieses ewige Leid zu verstehen. Wie böse ist GOTT? Wer ist dieser von GOTT Auserwählte, was kann er mir heute erzählen? Wie lese ich heute seine Psalmen neu? Den 24 Geschichten in diesem Buch ordne ich jeweils einen umgedeuteten Psalm zu und diesen zitternden Liedern jeweils ein klagendes Bild. Im Epilog werde ich in weiteren 24 Psalmen diese Suche fortschreiben. Sie stehen pars pro toto für unsere zerbrechliche Welt, die sich so sehnt nach einem gütigen Ebenbild GOTTES: in uns Menschen!

So ringe ich mit meinem GOTT und suche David im Hier und Heute. David, vor über 3 000 Jahren geboren im ca. 3 000 Kilometer entfernten Bethlehem[1], ist uns näher, als wir ahnen.

Der Anfang

David ist im Jahre 1033 v. Chr. fernab in diesem Wüstenstaub im Süden unter den Hirten geboren – das ist inzwischen über 3 000 Jahre her. Es ist Mittag – die Sonne brennt – die kühle Nacht ist noch fern – überall Fliegen – alles brummt – summt – sticht!

> Er liegt in der Nachgeburt
> Des großen Schafes.
> Es hatte gerade gelammt.
> Hier
> Brennt
> Die Sonne seit
> Anbeginn der Tage –
> Verwesungsgeruch ist überall –
> Der
> Säugling
> Schreit.

Das Muttertier leckt ihn trocken und das Lamm, das neben ihm liegt, auf diesem totgebrannten Boden. Das Lamm röchelt – es hat Fruchtwasser verschluckt – es könnte sterben – des Säuglings Augen sind noch verklebt – da fährt das Lamm neben ihm in die Höhe, als ob es in den gleißenden Himmel führe – GOTT entgegen. Der Hirte hatte es an den beiden Hinterläufen in die Luft gerissen – will es nicht verlieren und diesen kleinen Haufen Mensch auch nicht. Nimmt es in die Arme und legt es in die Arme von Nizewet[2] – der Mutter. Es riecht nach Schweiß und frischem Blut – das sich schnell braun färbt und eins wird mit dem rauen Boden. Das wird das Kind, der einstige König, nie vergessen. Judas Spross schmiegt sich an diesen weichen

Busen – wird eins mit der Haut, dem Duft der Mutter. Das ist ein Anfang. Es ist der achte Sohn – der Jüngste aus dem Stamm Juda. Sein Vorfahre Jakob und dessen Vatervater Abraham war. Sein Vater wird Isai gerufen, wird ihn verfolgen ein Leben lang und für alle Zeiten. Isai spricht zu sich: „Kind, du bist ein schwaches, aber schönes Kind – ich werde dich David nennen"; das heißt soviel wie der Geliebte, Liebling GOTTES …

Blut und Schleim und Wüstenstaub hatte ihm das Mutterschaf von seinem kahlen Kopf geleckt. Der namenlose Hirt hatte ihn an die Brust der Mutter, Isais Weib, gelegt – Stamm Juda – welch großes Wort – Nomaden – Viehhirten in trockenem Land im Süden – fernab der Quellen und des fruchtbaren Landes im Norden. Unter den zwölf Stämmen[3] das ärmste – ohne Heimstatt – ohne Zuflucht – ohne Ort – mit den Tieren dem knappen Wasser folgend, den Wüstenstürmen schutzlos ausgesetzt – ferne, sehr ferne der GOTT JHWH[4] – ihn selten rufend – weshalb auch – Sand war und ist überall – der ständige Tod auch – David hat ihn früh geschmeckt – die magere Muttermilch vermengt sich mit dem ewigen Sand im zahnlosen, noch nackten Kiefer – einem Greisen gleich. Das Ende ist immer nah.

9

Ein Loblied auf GOTTES Macht

Der Himmel ist durch das Wort des HERRN gemacht und all sein Heer durch den Hauch seines Mundes. Er hält die Wasser des Meeres zusammen wie in einem Schlauch und sammelt in Kammern die Fluten. Alle Welt fürchte den HERRN, und vor ihm scheue sich alles, was auf dem Erdboden wohnet. Denn wenn er spricht, so geschieht's; wenn er gebietet, so steht's da.

Ja, HERR, Du hast aus dem Urschlamm Adam geformt und ihm Leben eingehaucht. Aus seinem Körper hast Du Eva gezerrt. Hast ihnen ein Paradies überlassen. Wie es weiterging, wissen wir ja, und doch hast Du diesen Kampfklonen deinen Sohn tausend Jahre später gesandt. Ganz in Deiner Manier knetete der Knabe kleine Vögel. Knetete Vögel aus dem Schlamm am Bach. Er war sonderbar, die Kinder im Dorf fürchteten sich vor ihm, denn was er sprach oder dachte, war bereits vollzogene Tat. So spielte er oft allein am Bach. Sie beobachteten ihn aus der scheinbar sicheren Entfernung. Was sie sahen, machte sie sprachlos. Der kleine Jesus knetete diese Vögelchen. Schließlich hatte er ein Dutzend dieser Figuren um sich geschart, da gebot er ihnen, sich in die Lüfte zu schwingen. Ja – er hatte sie beseelt ins Leben befohlen, und die Vögel flatterten um sein Haupt und zwitscherten vor Vergnügen. Setzten sich auf sein Haupt, seine Schultern und Hände, und gleich darauf waren sie auch schon wieder in der Luft. Als die Kinder das sahen, erschraken sie sehr und es erschien ihnen kein Erzengel; da rasten sie voller Furcht heim. Jesus ärgerte sich, dass sie ihn beobachtet hatten, und wurde zornig auf sie. Die Kinder jedoch, daheim angekommen, erzählten, was sie Wundersames erlebt hatten. Als der kleine Jesus zu Hause erschien, wurde er von Josef sehr gescholten, denn er hatte den Sabbat gebrochen.

SELA.[5]

Wir formen getreu dem HERRN nun unsere eigenen Kinder. KI wird uns demnächst umflattern. Denn wenn wir denken, so geschieht's, und wenn wir es gebieten, so steht's da. Der Sündenfall der Erkenntnis — wir werden auskosten den Apfel der künstlichen Intelligenz — uns aus dem menschlichen Körper entheben — GOTT gleichen, und alle Welt wird ihn nicht fürchten und alles, was auf dem Erdboden wohnt, wird die Scheu ablegen, Wölfen gleich, die hungrig ihr Fressen finden.

Vögel

Hirte

Nomadenvolk – immer Nahrung suchend. Die Bibliothek von Alexandria ist weit – und schon lange Hort des universalen Wissens. Armselige Tierhäute geben notdürftigen Schutz vor Sonne, Sturm und Sintflut – die Gedanken – das Hirn ist noch roh!

Was hält die Welt und das Firmament nebst Göttern zusammen? Das wird David lange fremd bleiben – steht im Staub – trockenes Gras und Gestrüpp, soweit das Auge reicht. Ziegen umspielen sein Bein. Er schaut nächtens den Sternschnuppen nach – fühlt, wie sich der Kosmos scheinbar um sich selber dreht. Dafür kennt er jedes Schaf, jedes Rind, jede Ziege, die ihm anvertraut wurde. Kann die Fährten lesen, kann sie schmecken, fühlen. Weiß genau, wohin sie sind – auch die wilden Tiere. Er ist gerade einmal 10 Jahre alt – ein guter Hirt – wird es später in Gesänge fassen. Hört die Wölfe – sie sind hungrig – schürt das Feuer – hat einen Stab und seinen Mut beisammen, ihnen bestimmt entgegenzutreten – hat das von den Alten gelernt: „Reiße die Arme gen Himmel, trete beherzt vor und brülle einem Löwen gleich, und das Untier verschwindet in der Finsternis, aus der es kam."

Hirtensohn – schwach und doch zäh – sehnig bereits als Kind – erträgt den Spott der Geschwister – ein Wunder, dass ausgerechnet er noch am Leben ist – hier in der Wüste stirbt man wie das Gewürm – schnell, leise, ganz allein für sich – und das geht rasch! So tut GOTT, der Allmächtige, Wunder – dass ausgerechnet David den zehnten Sommer riechen darf. Isai ist darüber verwundert, fragt sich: „Vielleicht wird dich der Prophet Samuel erkennen, wenn er wieder hier in der Wildnis richten wird, vielleicht nimmt er dich, meinen jüngsten Sohn, auf und lehrt dich, dann könnte etwas aus dir werden unter dem Schutz des strengen Lehrers."

Psalm 23

Der gute Hirte[6]

Ein Psalm eines alten Schäfers; David ist schon lange tot.

Der HERR ist mein Hirte.
Mir wird nichts mangeln.
Er weidet mich auf einer grünen Aue.
Die Wölfe haben meine Spur bereits gerochen und meine Fährte
aufgenommen.
Er führet mich zum frischen Wasser, in dem Kadaver treiben.
Er erquicket meine wunde Seele.
Er führet mich in Todesqualen um seines Namens willen. Und ob
ich schon wanderte im finsteren Tal, fürchte ich mich nur noch vor
Dir. Dein Stecken und Stab treffen mich. Die Wölfe sind nah! Du
bereitest vor mir einen Tisch im Angesicht meiner Feinde. Die
Wölfe – sie haben mich – umkreisen mich – da springt der Leitwolf
in mein Gesicht – Rettung gibt es nicht – direkt in meine Kehle –
würgt und beißt und zerrt mich nieder, derweil das Rudel sich in
Bein und Bauch verbeißt.
Da salbest Du mein Haupt mit Öl
Und schenkest den Mördern voll ein.
Schmerz lässt Wunden nur kurz ahnen – es fehlt die Luft – das
Hirn wird taub …
Gutes und Barmherzigkeit werden mir folgen im Tode – dort wer-
de ich bleiben im Hause des HERRN immerdar.

Der gute Hirte

Samuel

Samuel, er wird der lezte Richter Israels gewesen sein. Mit ihm endet die Zeit der Richter. Jedes Jahr kam Samuel ins judäische Land, um Gericht zu halten. Die Stammesältesten sitzen ihm gegenüber im Rund unter dem Richtbaum am Richtplatz, auf einer leichten Anhöhe über das weite Land schauend. Die Frauen hatten ihnen die Lager mit Fürsorge bereitet. Felle über Felle lagen auf dem Boden, Speisen und vor allem reichlich gefüllte Weinkrüge hielten sie bereit. Das Ritual sah vor, dass sich die Versammelten am ersten Abend betranken, damit sich die Zungen lösen mögen und die zu verhandelnden politischen, militärischen Dinge und auch die Vergehen offen und frei miteinander besprochen werden konnten. Am nächsten Tag wurden die Beschlüsse und Urteile im nüchternen Zustand getroffen. So hielten es auch die Germanen in frühester Zeit auf ihren Thingplätzen. Noch heute ist der Genuss von Alkohol zum Beispiel an Erew Schabbat, am Freitagabend, nicht nur erlaubt, sondern geboten. Der Segen über den Schabbat wird an diesem Abend über einem Glas Wein gesprochen.

So kam Samuel Jahr um Jahr bei den Nomaden an diesem gleichen Richtplatz zusammen, an dem er auch David an den Tagen vor und nach dem Gericht beobachten konnte. Die schöne Gestalt fiel ihm auf – die zarten Züge im Gesicht, die wachen Augen – ja, David schien sogar die Seelen der Tiere zu verstehen. Da war etwas Einzigartiges, als ob er unter einem besonderen Schutz stehen würde.

Gebet um Leitung und Bewahrung

Vorzusingen beim Flötenspiel.

Herr, höre meine Worte, merke mein Seufzen! Vernimm mein Schreien. Herr, leite mich in Deiner Gerechtigkeit um meiner Feinde willen; ebne vor mir Deinen Weg.

Bewahre mich. Bewahre die Menschen und alles, was auf dieser Erde kreucht und fleucht. Beschütze alle Lebewesen zu Luft, zu Lande und im Wasser. Sprich mit den Bäumen, sei im Plankton. Behüte diese Erde. Deine Gerechtigkeit finde ich um meiner Feinde willen. Der Weg ist geebnet. Wir haben uns die Erde untertan gemacht — diesen zerbrechlichen blau schimmernden Planeten. Wir werden die Erde ausbeuten und unsere Brüder und Schwestern so lange plagen und massakrieren, bis nichts mehr übrigbleiben wird als ein verbranntes, überschwemmtes Land. Der Regenbogen geht im Ascheregen unter. Das Friedenszeichen zwischen Himmel und Erde wird getilgt werden. Die Pole gehen entzwei. Unsere Rachen sind offene Gräber, und solange Zungen darin hausen, werden wir heucheln und lügen, schlangengleich, bis zum Ende der Welt.

Die Pole gehen entzwei

Weihe

Dann geschieht das Unfassbare tatsächlich. Samuel nimmt David auf, ausgerechnet ihn – jeder ältere Bruder wäre an der Reihe gewesen – das erinnert an alte Tage, die schon längst vergessen schienen – das erinnert an die Tage, da sich Moses mit Aaron über das Volk und das Geschlecht von Korach erhob. Seit diesen Tagen stürzen Tränen der Verzweiflung, der Missgunst, auf uns Menschen nieder.

Die ewige Sehnsucht nach GOTT und der Schmerz darum ist seither in der Welt, lest den Psalm 42 – hört, wie der Hirsch nach frischem Wasser lechzt.

Nun wird David von Samuel geweiht – in der Weihe liegt auch das Opfer. David wird in den Dienst gestellt.

> Es ist Nachmittag – noch glüht die Sonne gnadenlos
> vom Himmel – die Hirten sind versammelt. Isai
> sitzt neben der wohl nie sterbenden Ruth – sie, die
> alte Moabiterin! Der Clan ist versammelt unter der
> tausendjährigen Zeder. Unter ihr versammelten sie
> sich immer an den Tagen nach den großen Festen.
> So auch heute – Samuel ruft David bei seinem
> Namen – nimmt ihm das Gehorsamsversprechen ab –
> ruft und singt Litaneien – singt so, dass Himmel
> und Erde miteinander verschmelzen – und
> schließlich legt er ihm die Hand auf – spricht: Dies
> ist er, den sich der HERR erkoren hat. Ich will ihn
> salben (1 Sam 16,10–13) und spricht das Weihgebet.
> Nun streift David seinen Lendenschurz ab und steht
> nackt vor dem Propheten. Isai reicht ihm sein neues
> Gewand, denn dem Weiheritus entspricht es, dass er

es ihm anlegt – anschließend wird er von Samuel gesalbt.

Die Salbung ist ein seit der Zeit der alten Reiche belegtes religiöses Ritual der Heilung, der Heiligung sowie der Übertragung und Legitimation politischer Macht. Deshalb wollte ihn Samuel weihen – so baute er ihn zum Konkurrenten von Saul auf.

Das Salböl zieht in seine Haut ein – dringt in ihn ein – wird von ihm inkorporiert – wird eins mit ihm.

Der große Richter hat den Hirten der Viehherden enthoben – er wird an den Hof gehen und vor dem Nagid, vor dem Herrscher Saul die Harfe spielen.

Schnell endet Kindheit. David wird am Hof sein und Soldat werden. Wird unruhig sein – kindlicher Schlaf wird weichen – die Seele wird unruhig werden – Tränen werden den Triumphen folgen.

Der Funke Hoffnung, den Samuel auf seine Schultern legte, wird einen Feuersturm der Verzweiflung entfachen und in einem mächtigen Reich aufgehen.

Die Weiheriten und der Schmerz wird über Tausende von Jahren andauern bis in unsere Zeit – wie lange werden sie noch währen?

Sehnsucht nach GOTT

Eine Unterweisung der Korachiter, vorzusingen.

Wie der Hirsch schreit nach frischem Wasser, so schreit meine Seele, GOTT, zu Dir. Meine Tränen sind meine Speise Tag und Nacht, weil man täglich zu mir sagt: Wo ist nun dein GOTT?
Und wer waren nun die Korachiter? Das war die Brut von Korach. Sie waren sehr erzürnt, dass sich Moses mit seinem Bruder Aaron über das Volk erhob. Sie fühlten sich als die ersten Priester des Volkes — da gab es keinen Raum an ihrer Seite. Es war der GOTT von Moses, der zum Volk sprach, und da gab es doch noch so viele andere. Korach und die Seinen durften ihrem GOTT nicht singen. Tränen der Wut, der Verzweiflung — Tränen der Missgunst in Sturzbächen. Da erhob sich Korach wider Moses und es kam zum Streit ... das zieht sich durch die Menschheitsgeschichte ... das ist so tief in uns eingeschrieben, dass es schmerzt. Wie zu Kains und Abels Zeiten schied das Rauchopfer über die Schicksale. Die Erde tat sich auf und verschlang Korach mit den Seinen, und damit nicht genug — naturgemäß wurden auch die Anhänger von Korach, 250 an der Zahl, im göttlichen Feuer verzehrt. SELA.
Was betrübst du dich, meine Seele, und bist so unruhig in mir? Ich verstehe diesen Bund nicht, der auf Mord und Totschlag gründet; unentwegt. Ich bin betrübt bis in die tiefste Seele; meine Speise Tag und Nacht: Tränen!
Und irgendwann gehen die dann auch, die Tränen alle — was geschieht dann?
Was machen wir mit denen, die in den heiligen Krieg zogen — diesen Kindern, die im Irak, in Syrien, in Mossul kämpften? Zerschlagen ist der IS. Himmel jauchze — aber Deine Kinder — wo lässt Du sie

stranden? — sieh die sechzehnjährige Linda — die Schönheit von Mossul aus Sachsen[7], oder Elfi aus Bayern — nimm sie auf — verzehre sie nicht im Rachefeuer. Ihre geschundenen Herzen lechzten nach frischem Wasser — sie sind so jung. Wie der Hirsch schreit nach frischem Wasser, so schreit meine Seele, GOTT, zu Dir.

Tränen

Hofmusik

Da kommt David als Geweihter an den Hof von Saul. Kommt nach Gibea[8], das liegt eine gute Stunde Fußmarsch nördlich von Jerusalem – er ist überwältigt von der Pracht der Gebäude – so etwas hatte er noch nie gesehen: Häuser aus gebranntem Ton. Hoch erhaben – wie lächerlich erschienen ihm nun die mit Tierhaut bespannten Zelte, in denen die Seinen um die Feuerstellen dürftig kauerten. Nicht unweit von Jericho brannte man Ziegel, bereits 6500 Jahre bevor David geboren wurde. Dieser steinerne Palast erweckt Furcht in ihm. Isai hatte ihm von ihrem Volk in ägyptischer Gefangenschaft erzählt. Dies hat sich in die Seelen der Urväter und in die ihrer Kinder fest eingeschrieben – wie Felszeichnungen eingeritzt in Granitwände für Tausende von Jahren. Ja – in seinem Kopf kriechen die Gespenster hervor – er sieht die Vorfahren in Ägypten – wie die Frauen und Kinder tagein tagaus den Lehm mit bloßen Händen der Erde entrissen und in sengender Hitze unter Schilfdächern zu Steinen formten.

> Tausende, Abertausende, Millionen Steine brannten
> sie für den Pharao, selbst in der Glut verglimmend –
> schwindend unter Erschöpfung, Durst und
> Verzweiflung.

Hier im Palast von Saul wird er ihm seine ersten Gesänge vortragen – ihm einem Narren gleich die Wahrheit verkünden – wird ihm von der Drachenbrut singen – von der finsteren Seele der Menschen, der Menschen von Gibea und ihrer Sehnsucht nach Erlösung und Gnade und GOTT – wird dem König singen von Belsazar – wird ihm singen von der Schandtat in Gibea – was sich hier vor den Tagen zugetragen hat – hält es wach – erzählt von dem Leviten, der in diese Stadt kam, singt, als sei es gestern in Gibea geschehen. Während des Abendessens umringten Stadtbewohner das Haus des Gastgebers und forderten: „Bring den Mann heraus, der in dein Haus gekommen ist; wir wollen unseren Mutwillen mit ihm treiben." Der Gastgeber aus Gibea wehrte ab: „Nein, meine Brüder, so etwas Schlimmes dürft ihr nicht tun. Dieser Mann ist als Gast in mein Haus gekommen; darum dürft ihr keine solche Schandtat begehen." Er bot ihnen stattdessen die jungfräuliche Tochter oder die Nebenfrau des Leviten an. Nachdem der Levit seine Nebenfrau hinausgebracht hatte, wurde sie die ganze Nacht lang von den Männern aus Gibea vergewaltigt. Am Morgen danach fand ihr Mann sie tot vor der Haustür liegen und transportierte sie auf einem Esel – sie hing kopfüber auf dem Rücken des braven Tiers – in seinen Heimatort. Dort zerteilte er sie in zwölf Stücke und schickte die Teile in das ganze Gebiet Israels, um zum Nachdenken über die Tat zu mahnen.

Sie lauschen dem zarten Jungen gebannt – seine Stimme ist sanft – die Worte schneiden ins Hirn – lassen sie unruhig zurück. Die Tage am Hof rauschen für ihn im Fluge dahin. Morgen wird er Saul sprechen wollen.

Psalm 4

Ein Abendgebet

Vorzusingen beim Saitenspiel.

Ich liege und schlafe ganz mit Frieden; denn allein Du, HERR, hilfst mir, dass ich sicher wohne. So schlafe ich den Schlaf der Gerechten. Es ist ein tiefer Schlaf. Durch meine Poren perlen noch zufrieden die lieblichen Blasen der Witwe Klicko. Es war ein berauschender Abend. Die Tänzerinnen waren so leicht, und wenn die Mädchen nackt sind, sind die Leute still. Keiner kann sich regen, weil auch keiner will. Trommeln und Posaunen sind verstummt. Nun ist die Haustüre fest verschlossen und die Gäste längst daheim. HERR, Du erfreust mein Herz. Jetzt im Tiefschlaf schlägt es ruhig und selig voller Freude. Ein Kind könnte nicht seliger schlafen an der Mutter Brust. Die Welt verdichtet sich in diesem einen Daunenbett. Alles dreht sich selbstgewiss im Ich.

Belsazar, das ist lange her. Aus meiner Brust entatmen keine Flammenzeichen. Keine Geisterhand wird den Fluch an meine Wand bannen.

Redet in eurem Herzen auf eurem Lager und seid stille. SELA.

Mene mene — gewogen und gewogen und nochmals gewogen wurdest du, Belsazar[9], vor Zeiten — brachtest gerade einmal ein Dutzend Gramm auf die Waage; warst leichter als das Gewicht einer menschlichen Seele. Wo hat deine Seele ihr Gewicht verloren? Bei deinen Mordbefehlen, im Rausch, oder in den von dir verwüsteten Städten?

Tekel upharsin — und wurdest für zu leicht, für viel zu leicht befunden — wurdest von deinen eigenen Knechten, noch in gleicher Nacht, erschlagen.

Ich liege und schlafe ganz im Frieden.

Flammenzeichen

Soldat

Die Wachen öffnen ihm die Tür. Das Zedernholz knirscht in den Zargen. Alles hier ist zu groß – alles macht klein – der Boden ist leicht geneigt. Der Thron steht ihm somit erhöht gegenüber. Dieser fensterlose Saal – nur die Decke scheint zu schweben, ruht auf dem Lichtband, der diesen Raum indirekt erleuchten lässt. Das Licht fällt an den schier endlosen tönernen Ziegelwänden herab – bricht sich in jeder Fuge – da steht er nun – Saul ist fern – gebietet, dass David sich nähern möge.

David tritt vor. Da spricht Saul: „David aus dem Stamme Juda aus der Wüste – du singst gescheit – deinen greisen Vater Isai kenne ich und noch mehr deinen Lehrer Samuel – warum hat er dich geweiht – vor wem soll ich mich fürchten? Deine Tage am Hof sind vorbei – morgen wirst du dich bei meinem Heerführer Abner melden – mal sehen, was er aus dir machen wird!" Das war es. David verbeugt sich und geht rückwärts in gebeugter Haltung zur Tür hinab – die sich wieder unter ächtzendem Gestöhn öffnet – schaut ihm, seinem Gebieter, in die Augen, bis sich das Zedernholz vor seinen Augen wieder schließt.

So eine schnelle Nacht – er hat flach geschlafen – immer wieder Unbekanntes – selbst im Traum hört er die Stimme des Vaters: Nimm dich in Acht – ich ahne Ungewisses und behüte dich – das Leben musst du selbst bestehen. Was heißt bestehen? Ich habe versucht, es dir zu erklären: Das Leben musst du – nein, versuch es zu finden, das ist offen.

Da steht er: Abner – ein gewaltiger Mann – nur Goliath, den er schließlich auch bezwingen wird, ist größer. Was für ein Mensch steht da vor David – Abner? Welche Bosheit glänzt aus seinen Augen? Es schimmert nach Vernichtung. Die Ausbildung seit tausend und tausend Jahren gleich. Zum Glück haben die Vulkane seit Anbeginn der Tage Tiefengestein ausgespuckt. Diese schweren Granite wiegen schwer in den Ranzen auf den Schultern der jungen Männer – auf nicht enden wollenden Märschen. Sie brechen das Ich – zermürben die Seele – kleben alles zu dem einen Brei zusammen, der willig kämpfen soll. Doch der Gesalbte ist gestählt von der Sonne und den eisigen Nächten in der Wüste – das ficht ihn nicht an – ist zäh wie das Leder der Ziegen – der Hirt. Der Heerführer ist erstaunt, was dieser zarte Körper aushält – wird ihn fordern im nächsten Gefecht gegen die Philister, und der nächste Krieg ist nah.

David denkt an Michal, Sauls Tochter – Samuel hatte ihm von der Schönheit erzählt – er hat in die strahlenden Augen gesehen, während er seine Psalmen gesungen hat, im Palast. Da war er ihr schon sehr nah – da war etwas Unsichtbares – etwas zutiefst Verbindendes, das ihre Herzen berührte. Das hat getragen durch diese zermürbenden, quälenden Tage. Samuel prophezeite, dass er mit der Hilfe von Michal machtvoller werden wird. Morgen wird David bei Saul, hinter den geheimnisvollen Zedernholztüren, um die Hand seiner Tochter anhalten – will sie heiraten, noch vor dem großen Krieg.

Danklied für Rettung aus Bedrängnis

Vorzusingen nach der Weise „Schöne Jugend".

Du vernichtest die Frevler; ihren Namen vertilgst Du auf immer und ewig. Der Feind ist vernichtet, zertrümmert für immer, die Städte hast Du zerstört; jedes Gedenken an sie ist vergangen. Wen hast Du, HERR, damals zu Davids Zeiten in den Krieg geschickt? Hast Du damals auch schon Kindersoldaten in den Sudan nach Numidien geschickt? Hast sie mit ihren 15 Jahren der Kindheit beraubt – sie tötend und vor Angst weinend durch die Wüste getrieben – wie Kälber, wie junges Viehzeug auf die Schlachtbank. SELA.

Das vergebe ich Dir nicht!

Soll ich mich fürchten vor den Mördern in Deinem Namen?

Lege, Herr, einen Schrecken über sie, dass die Völker erkennen, dass sie Menschen sind. SELA.

Kindersoldaten

Brautpreis

Saul war es nicht wohl in seiner Haut. Zum ersten Mal spürte er ein leichtes Zittern in seiner rechten Hand – das Rückenmark sandte über die gesamte Haut ein kaum spürbares Kribbeln, das sich in den Schläfen zu einem Zucken verdichtete. Er hatte gehört, dass der Biss von Schlangen solche Wirkung zeitigte.

> Im Traum war er in ein Rosenbeet gefallen.
> Zunächst umwehten ihn die Blütenblätter – doch
> sein Körper stürzte, von der Schwerkraft
> hinabgezogen, durch das Dornengestrüpp, riss ihm
> die Haut in Fetzen, derweil ein Engel ihn umflatterte
> und ihm hämisch kreischend in die Ohren schrie:
> „Es ist ein Ros entsprungen"[10], immer wieder, bis er
> schweißgebadet aufwachte. Seitdem waren diese
> Blitze in den Schläfen nicht mehr gewichen.

Er dachte an Isai – aus Bethlehem, die Wurzel Jesse, aus dessen Stamm noch so viel hervorgehen wird – und zunächst einmal David.

Ausgerechnet heute, an diesem Tag, der Traum war noch jung, steht David vor ihm – ihm, dem König Saul – im Palast und bittet um die Hand von Michal – seiner Tochter. Saul hatte ihm seine älteste Tochter Mareb vor Monden schon versprochen, jedoch dem Adriel gegeben. Da spürte Saul zum ersten Mal die Gefahr, die von diesem Hirtenjungen ausgehen könnte. Deshalb ließ er dies erneute Werben um seine Tochter nur unter einer Vorbedingung zu, und er sprach zu David:

„Abner berichtete mir von deinem Mut, ich hörte deinen Gesang, deinen Vater kenne ich und Samuel hat dich gesegnet. Was soll ich tun? Ich kann deinem Wunsch nicht widersprechen – aber David, du Gesalbter – du wirst nur Hochzeit feiern, wenn du mir folgenden Brautpreis erbringst: Lege mir 100 Vorhäute meiner Feinde in diesen Palast mir zu Füßen und du sollst meine Tochter heiraten!"

David antwortete: „Ja mein Gebieter – so wird es geschehen – ich werde dir in 10 Tagen das liefern, was du verlangst" und er verließ den Thronsaal in gewohnter Haltung.

Noch lange hockte Saul nun fremd auf seinem zu großen Thron – und das Zucken in den Schläfen nahm zu. Diese Prüfung sollte ihm David vom Halse schaffen – aber was, wenn dieser scheinbar zarte Mensch diese grauenvolle Aufgabe vollbringen würde? Wäre das der Anfang vom Ende?

David fragte sich: Wer sind die Feinde Sauls? Wen erschlagen? Wem die Vorhäute abschneiden? In welchem Gefäß sammeln? Wie den Brautpreis transportieren? Wen mit in diese Geschichte hineinziehen?

Hier nehmen die Dinge nun ihren Lauf – sein Hirn arbeitet schnell. Im Nu sind die Fragen geklärt und die Taten warten nicht.

Hat seine Freunde um sich geschart. Mit ihnen hat er am Feuer auf den Feldern die Nächte durchwacht. Hat damals schon Rache geübt, wenn die Herden überfallen wurden. Asymmetrisch hat er mit ihnen in kleinsten Gruppen die Feinde bezwungen. Das zahlte sich aus.

Nun werden sie die Philister gleichzeitig an zehn Orten, an zehn Tagen, immer wieder in den Nächten heimsuchen. Werden sich Wölfen gleich an die Alten und die Kinder ranmachen – und die Kehle zuschnüren und ihnen die Vorhaut entreißen – der Ekel wird der Routine weichen und in einem Blutrausch enden. Wagen sich sogar in die Städte nach Gath, Aschdod oder Gaza[11]. Das wird noch lange währen und hört einfach nicht auf.

Die große Amphore wird rasch gefüllt. Sie hatten diese mit Wein gefüllte Amphore aus dem Palast gestohlen, in der ersten Nacht, sie auf ihren Raubzügen zur Hälfte getrunken, und nun war Platz. Haben diese leblosen Hauttuben zunächst in der Sonne getrocknet und nun am Morgen des zehnten Tages in den roten Wein gelegt. Der Ochsenkarren zieht den Wagen bis vor den Palast, auf dem diese Fracht im tönernen Gefäß fest verzurrt ist. Diener tragen den Krug mit dem furchtbaren Brautpreis herein und stellen ihn auf – zu den Füßen Sauls – und da ist er auch schon – David. Es ist wie von ihm versprochen – die zehn Tage sind um, und nun tritt er gegen die Amphore – sie zerschellt, und im roten Wein ergießen sich die Vorhäute, umspielen Saul, als sei die hundertfache Tat erst heute Morgen – gerade jetzt – vollzogen. Wie gigantische Maden lecken sie an Sauls Fersen. Er möchte schreien – doch seine Stimme versagt zu einem heiseren Krächzen. Der Preis ist bezahlt.

Vergeltung und Rache schreien derweil die Philister in Gath und Aschdod.

Die Braut ist gekauft.

Von nun ab wird Saul keine Nacht mehr ruhig schlafen. Der Schmerz zieht sich in der Schläfe zusammen und bohrt sich einer glühenden Nadel gleich durch die Stirn. Saul krächzt kaum hörbar: „Meine Tochter, Michal, sie gehört dir, David, und die Philister werden über uns kommen."

Lied zur Hochzeit des Königs

Eine Unterweisung der Korachiter, vorzusingen nach der Weise „Lilien"[12], einem Brautlied.

Von Myrrhe, Aloe und Kassia duften deine Kleider; aus Elfenbeinpalästen erfreut dich Saitenspiel. In deinem Schmuck gehen Töchter von Königen; die Braut steht zu deiner Rechten in Goldschmuck aus Ophir. Höre, Tochter, sieh und neige dein Ohr: Vergiss dein Volk und dein Vaterhaus! Denn der König verlangt nach deiner Schönheit; denn er ist dein Herr, und du sollst ihm huldigen. Ophir[13] — du wundervolles Land. Auch König Salomo kannte dich. Verschlang dein Gold. Ophir — du berauschende Schönheit, dein glänzendes Gold ließ die Könige krank werden — sie verfielen im Goldrausch, verlangten nach dir und deiner Schönheit und nach deinen Töchtern. Raubten, rafften, bis nichts mehr übrig war von Ophir. Es war einfach weg — verloren gegangen. Tausende Jahre lang suchen die Menschen nun immer weiter nach dem sagenhaften Ophir; doch deine Elfenbeinpaläste, deine schönen Frauen, dein Gold sind dahin; für immer. Heute werden in Ophir die letzten Nashörner erschossen, um ihre Hörner mit Gold aufzuwiegen — letzte Potenz alternder Männer in fernen Ländern ...

Ophir

Goliath

So geschieht es dann. Rache säumt nicht, durch frevlerisches Morden gezeugt. Boten berichten von einem gigantischen Heer, das die Philister zusammengestellt haben. An der Spitze ihr Heerführer: Goliath, der Glänzende! Gott, zerbrich ihnen die Zähne im Maul, zerschlage, Herr, das Gebiss der jungen Löwen[14].

Ein Bote kommt zum Heer der Hebräer und fordert sie auf, einen Kämpfer aufzustellen, um die Auseinandersetzung der beiden Heere zu vermeiden. Dies lehnte Saul grundsätzlich ab, doch David widersetzt sich diesem Befehl, kommt Saul zuvor, prescht vor und stellt sich zum Zweikampf bereit, und es währt nicht lange und Goliath schickt sich an, den Kampf anzunehmen:

Da steht der Jüngling diesem Hünen gegenüber – dem Philister – dem Krieger. Auf diesem gewaltigen Körper – seine Rüstung glänzt im Sonnenlicht – hockt fast verloren ein zu kleiner Kopf, dessen fehlende Größe von einem gewaltigen Helm überhöht wird, in dem dieser scheinbar verschwindet. Die Lippen sind schmal, und aus den kleinen Augen spiegelt sich Verachtung gegenüber diesem Hirtenknaben, der ihm gerade einmal bis zum gepanzerten Bauch reicht.

David kann seinen Blick nicht fassen. Er schaut über ihn hinweg – in die Ferne. Wohin schaut er? David ist geblendet von der Rüstung. Die Sonne steht im Zenit – in seinem Rücken – die Wüste und das Land seiner Väter liegen im Süden – hinter diesem kleinen Bach, an dem er dem Philister gegenüber steht. Beugt sich – greift nach drei runden Steinen, die sich vertraut in seine Hand schmiegen. Zwei gleiten in den Ledersack, der an seinem Lendenschurz hängt. Den dritten behält er in der linken Hand – in der Rechten die Zwille. Mit ihr hat er schon so viele Vögel im Flug geschossen, zum Zeitvertreib, wenn er bei den Schafen wachte.

Nun dreht er sich leicht nach rechts – das linke Bein, der linke Fuß dem Feind entgegen, der rechte Fuß im rechten Winkel dahinter. So steht er fest – fixiert die Schläfe seines Feindes unterhalb des Helms. Sie liegt bloß – es ist so eine kleine, so rasche Bewegung – Goliath ahnt nicht, was der Junge da treibt, und schon fühlt er den Blitz in seinen Kopf einschlagen – der kleine Stein trifft ihn unvermittelt just dort an der Schläfe, und der Riese bricht bewusstlos nieder – fällt einfach der Länge nach, wie ein Baum, der geschlagen wird, in metallischem Scheppern vornüber um. David springt ihm – fliegt ihm – entgegen, weiß, dass die Zeit kurz bemessen sein kann. Da liegt der Riese mit dem Gesicht im Staub. Er zieht ihm sein gewaltiges Schwert aus der Scheide.

Goliaths doppelschneidiges Schwert, das er nun mit beiden Händen führt und fast seinem Körpermaß entspricht – hält es bereit, um zum tödlichen Hieb auszuholen. Die Zeit scheint in der Mittagssonne stehen zu bleiben. Die Vögel verharren in der Luft und das Wasser im Bach hört auf zu fließen – da zerteilt er mit einem Mal – mit diesem Schwert – die Luft – reißt es in die Höhe und lässt es gegen den ungeschützten Hals von Goliath wieder herabfallen – schlägt einem Adler gleich, der die Mäuse jagt, den Riesen – da plumpst sein Kopf vom Rumpf – das Blut spritzt dem Knaben jäh pulsierend aus dem offenen Hals entgegen – ins Gesicht. Die Fontäne versiegt langsam – der Strahl verwandelt sich in ein leises Blubbern. Bald regt sich nichts mehr. David steht blutüberströmt – betäubt – über diesem kopflosen Rumpf und diesem abgeschlagenen Kopf, der kein Kopf mehr ist: nur noch gebrochenes Antlitz verlorener organischer Masse.

Als das Heer der Hebräer das sieht, stürzen sie in wildem Geschrei los – auf die verblüfften, in Schockstarre verhaftenden Philister – überrennen sie – jagen sie – schlagen – baden im Blutrausch und vernichten sie. Die Sonne sinkt, und die Nacht wird das Blut auf dem Feld gerinnen lassen.

Wer sind nun die Frevler? Bestimmt nicht die Menschen, in dessen Blut du dich badest, das ist ein güldenes Kleinod Davids, vorzusingen nach der Weise „Vertilge nicht".

Gott, der gerechte Richter

Ein güldenes Kleinod Davids, vorzusingen nach der Weise „Vertilge nicht".

Gott, zerbrich ihnen die Zähne im Maul, zerschlage, Herr, das Gebiss der jungen Löwen! Sie werden vergehen wie Wasser, das verrinnt. Zielen sie mit ihren Pfeilen, so werden sie ihnen zerbrechen. Sie vergehen, wie eine Schnecke verschmachtet, wie eine Fehlgeburt sehen sie die Sonne nicht. Wirf das tödliche Gas aus dem Himmel, wirf die Brandbomben über sie, es wird sie vertilgen. Ehe eure Töpfe das Dornfeuer spüren, reißt alles der brennende Zorn hinweg. Der Gerechte wird sich freuen, wenn er solche Vergeltung sieht, und wird seine Füße baden in des Frevlers Blut — bade deine Füße in des Frevlers Blut — achte darauf, dass es morgen dein Blut sein könnte, in dem sich der neue Gerechte labt und du auf einmal der Frevler bist. Könnte es sein, dass da gar kein Unterschied besteht? Brennst du, in Gerechtigkeit gewiss, Dörfer nieder — wer sind die Frevler? Bestimmt nicht die verängstigten und verlorenen Menschen, in dessen Blut du dich badest.

Die Verlorenen

Zerwürfnis

Die Philister waren fürs Erste besiegt. Wann würden sie erneut angreifen? Doch auch in seinem eigenen Palast wurde die Lage für Saul gefährlich. David war nicht nur beliebt – nein, im Heer wurde er wie ein Held verehrt. Seine Frau stand an seiner Seite – Michal, Sauls geliebtes Kind, sie war dem Saul entglitten, war im Bann dieses Mannes gefangen, der erst seit zwei Jahren am Hof war; aus dem Hirtenjungen könnte ein Herrscher erwachsen. Zum Glück hatte Michal noch kein Kind gezeugt. Er, Saul, wird die Ehe annullieren – schließlich ist er der Nagid, der König, und kann gebieten – aber wird das reichen? Der Schmerz in den Schläfen hatte sich zu düsteren Wolken im Hirn verdichtet.

Hier ist auch noch Platz. Damals sang der Hirtenknabe mit so weicher Stimme – heute würde er diesem Jungen am liebsten die Zunge aus dem Gesicht reißen und ihn mit Eisen blenden lassen – aber auch diese furchtbaren Taten würden wieder auf ihn zurückfallen.

Seine Ahnung wurde Gewissheit – er musste sich Davids entledigen – so schnell und so leise wie möglich. Er ließ noch in dieser Nacht das Zimmer von David verschließen und bewachen. Den nächsten Tag durfte David nicht mehr erleben. Er rief nach Jo-Nathan – seinem Sohn.

„Denn siehe, Herr, sie lauern mir auf" – so wirst du es singen, David, das ist ein güldenes Kleinod nach der Weise „Vertilge nicht", als Saul hinsandte und sein Haus bewachen ließ, um ihn zu töten …

Gebet mitten unter den Feinden

Ein güldenes Kleinod Davids, vorzusingen nach der Weise „Vertilge nicht", als Saul hinsandte und sein Haus bewachen ließ, um ihn zu töten.

Errette mich, mein Gott, von meinen Feinden und schütze mich vor meinen Widersachern. Errette mich von den Übeltätern und hilf mir von den Blutgierigen! Denn siehe, Herr, sie lauern mir auf; Starke rotten sich wider mich zusammen ohne meine Schuld und Missetat. Ich habe nichts verschuldet; sie aber laufen herzu und machen sich bereit. Erwache, komm herbei und sieh darein! Du, Herr, Gott Zebaoth, Gott Israels, wache auf und suche heim alle Völker! Sei keinem von ihnen gnädig, die so verwegene Übeltäter sind. Sela.

Des Abends kommen sie wieder, heulen wie die Hunde und laufen in der Stadt umher. Siehe, sie geifern mit ihrem Maul; Schwerter sind auf ihren Lippen: „Wer sollte es hören?" Aber Du, Herr, wirst ihrer lachen und aller Völker spotten. Meine Stärke, zu Dir will ich mich halten; denn Gott ist mein Schutz. Sei mein Schutz, dass ich nicht aufgebe — ich werde mich einem Kind gleich im Angesicht meiner Feinde niedersetzen. Ich werde mich nicht fürchten, obwohl die Granaten die Häuser meiner Eltern und Geschwister sprengen. Ich werde die Hoffnung nicht aufgeben. Da wird Zukunft sein — für mich, in einem gelobten Land.

Kind

Jo-Nathan

Jo-Nathan war dem Vater aufmerksam gefolgt. Nickte ihm bestätigend zu und vermied es, selber zu sprechen. Hörte den grauenvollen Befehl – er, Jo-Nathan, solle David noch in den Morgenstunden im Schlaf erschlagen – töten – morden.

Da verneigt sich Jo-Nathan vor seinem Vater und König und verlässt ihn. Nun war es ausgesprochen – es ging um alles – es ging um die Macht.

Würde er David töten, würde sein Vater noch lange König sein – und er würde weiter Jahrzehnte unter ihm leiden, und wer würde ihm folgen? Welche Söhne würde er noch zeugen? Die Zeit schien reif – jetzt könnte David ihm, Jo-Nathan, zupasskommen. Mit seiner Hilfe könnte er Saul stürzen – könnte der zweite König der verstreuten Israeliten werden – auch wenn noch nicht alle Stämme unterjocht waren und Jerusalem noch ferne schien. Aber das könnte ja dann noch kommen.

Zunächst einmal Freundschaft mit David – um dessen Überleben sollte es nun gehen – das Zerwürfnis zwischen Saul und David wäre damit endgültig besiegelt und der Sturz Sauls in greifbarer Nähe. Da geht Jo-Nathan zu den Wachen, nimmt David an die Hand, unter seinem Schutz gelangt er aus dem Palast. Die Wachen werden Saul später berichten, wie umsichtig Jo-Nathan vorgegangen war – ihn nicht im Palast erschlagen, sondern unter vorgetäuschter Freundschaft mit ihm gen Norden die Stadt verlassen hatte, um ihn fernab zu töten – kein Schrei würde so je an das Ohr Dritter gelangen. Und so erscheint Jo-Nathan bei seinem König und Gebieter am Mittag des gleichen Tages und meldet Vollzug, dass die Geier sich noch an diesem Nachmittag über die Reste Davids hermachen werden – nichts, aber auch nichts, von diesem Bezwinger Goliaths übrigbleiben

werde – außer den einen oder anderen verstreuten namenlosen Knochen in der Wildnis.

Und selbst diese Geschichte war gelogen. Jo-Nathan wollte sich
die Gunst des Vaters erschleichen. In Wirklichkeit hatte Michal David in dieser Nacht gerettet:

> Samuel schrieb es später auf: „Aber der böse Geist
> vom HERRN kam über Saul, und Saul saß in seinem
> Hause und hatte einen Spieß in der Hand. David
> aber spielte mit der Hand auf den Saiten. Und Saul
> trachtete danach, David mit dem Spieß an die Wand
> zu spießen. Er wich aber aus vor Saul, und der Spieß
> fuhr in die Wand. David aber floh und entrann in
> jener Nacht. Saul sandte aber Boten zu Davids Haus,
> ihn zu bewachen und am Morgen zu töten. Doch
> Michal, Davids Frau, sagte es ihrem Mann und
> sprach: Wirst du nicht diese Nacht dein Leben
> retten, so musst du morgen sterben. Da ließ ihn
> Michal durchs Fenster hinab, dass er hinging,
> entfloh und entrann." (1 Sam 19,9–12)

So sind nun die Tage für David angebrochen, da sie ihn wie ein Reb-
huhn über die Berge Israels jagen werden.

Hilferuf eines Bedrängten

Eine Unterweisung Davids beim Saitenspiel. Als die Leute von Sif[15] kamen und zu Saul sprachen: David hält sich bei uns verborgen.

Hilf mir, GOTT, durch Deinen Namen und schaffe mir Recht durch Deine Kraft. GOTT, erhöre mein Gebet, vernimm die Rede meines Mundes. Denn Stolze erheben sich gegen mich, und Gewalttäter trachten mir nach dem Leben. Und du, David, fürchtetest dich vor Saul, verkrochst dich in der Wüste Sif – wurdest verraten – suchtest den Schutz in GOTTES Hand. Er hielt sie über dich – nahm dich bei der Hand wie die liebende Mutter ihr Kind. Und sie jagten dir nach, trachteten dir nach dem Leben. Du hast dich vom Felsen verkrochen – flohst in die Wüste Maon[16] und sie wollten dir nachjagen und dein GOTT war um dich her und ließ die Philister ins Land einfallen.

Du eiltest, um dem Saul zu entgehen, da umringte Saul samt seinen Männern dich, David, und deine Männer, dass er dich griffe. Aber es kam ein Bote zu Saul und sprach: Eile und komm! Denn die Philister sind ins Land gefallen. Da kehrte sich Saul von dem Nachjagen Davids und zog hin, den Philistern entgegen; daher heißt man den Ort Sela-Mahlekoth[17] (das heißt Scheidefels).

GOTT trug dich, bewahrte dein Leben – – so was kann geschehen. SELA.

Hilfe

Flucht

David flieht nach Nob[18]. Hier bist du nun in Anfechtung angekommen. Verfolgt – verängstigt – lebendig – tot.

Im Palast klagte Michal leise – der Vater hatte das laute Wehklagen verboten – alles nahm auch an diesem Tag seinen gewohnten
Lauf, obwohl er fehlte. Das ein oder andere Getuschel, aber auch das
würde mit der Zeit verstummen.

Die Priester von Nob haben David aufgenommen. Ahimelech
versorgt ihn mit den geweihten Schaubroten aus dem Heiligtum.
Übergibt ihm auch das Schwert von Goliath, das in diesem Heiligtum
seit der Schlacht aufbewahrt wurde.

David findet Ruhe – schreibt seine Psalmen, in denen er GOTT
anruft – dass er seine Feinde zerschlagen solle, damit sie vom Lande
der Lebendigen für immer ausgerottet sein sollen.

Die Tage quälen sich dahin – gebeugt über der Schrift in der
Versenkung mit GOTT dringen aus dem Nichts diese jähen Schreie
der Frauen und der Kinder aus dem Dorf. – Dann die Rüstungen,
das wilde Gebrüll, Geheule, Geröchel und Gestöhne – Blut fließt mal
wieder in Strömen – sie suchen ihn und erschlagen alle auf dem Weg
in Nob. Die Priester werden im Heiligtum zusammengetrieben, ge-
bunden, geschlagen und schließlich alle zu Tode gemartert – da ist
das kleine Loch im Boden – er lässt sich hineinfallen – es endet in
der Grotte und David taucht unter, schluckt dieses mineralische
Wasser, schwimmt – kennt jeden Felsen in der Dunkelheit und
kriecht schließlich weit hinter Nob ans Licht – flieht – in die Wüste –
am Abendhimmel schlagen die Flammen der Häuser und der Bewohner von Nob heller als die untergehende Sonne über das wüste
Land. Saul hatte den Befehl gegeben, jeden, aber auch jeden, in Nob
zu töten.

Es war Doeg, der Edomiter, gewesen – ein Vertrauter Sauls – er hatte gesehen, wie Ahimelech ihn versorgte – versteckte. So verriet der Vertraute den Verlorenen, und es brauchte nicht lang, da kamen die Truppen Sauls über Nob und die Seinen – auch Ahimelech wurde erschlagen – nur sein Sohn Abjatar konnte fliehen und zog zu David in die Wüste. Der Gedanke an Doeg verfolgte nun David – es wird der Tag der Rache kommen. Jo-Nathan, wo bist du? David fällt in den Sand, die Sterne über ihm drehen sich in einem Strudel – in einem schäumenden Strudel – das Antlitz Goliaths flackert auf – dazwischen verschwimmt es mit den Zügen Sauls – und aus dem ersten Gedanken der Rache wird ein Rausch, der erst gestillt sein wird, wenn Saul im Staub sein Selbst aufgeben wird – sein Leben lassen wird.

Gericht über den Tyrannen – Trost für den Gerechten

Eine Unterweisung Davids, vorzusingen als Doeg, der Edomiter, kam und zeigte Saul an und sprach: David ist in Ahimelechs Haus gekommen.

Was rühmst du dich der Bosheit, du Tyrann, da doch GOTTES Güte noch täglich währt? Deine Zunge trachtet nach Schaden wie ein scharfes Schermesser, du Betrüger! Du liebst das Böse mehr als das Gute und redest lieber Falsches als Rechtes. SELA.

Du redest alles, was zum Verderben dient, mit falscher Zunge, darum wird dich GOTT für immer zerstören, dich zerschlagen und aus deinem Zelte reißen, dich aus dem Lande der Lebendigen ausrotten. SELA.

Doeg, du warst selber Spion, hast mit doppelter Zunge gesprochen. Hast das Schwert Goliaths bei dir geführt. Dir zum Schutz, hast es dem Saul berichtet — das Versteck Davids. Deine Zunge trachtete nach Schaden wie ein scharfes Schermesser. Das steckt in uns. So wie Saul die Priester erschlagen ließ, bei denen sich David versteckt hatte, so straft GOTT und wird uns für immer zerstören, aus dem Land der Lebendigen ausrotten: Trost ist fern. SELA.

Doeg

En Gedi[19]

Es ist Nacht. Wolken – sie künden von segensreichem Nass – schieben sich vor den Mond und die Sterne – verfinstern die Nacht – huschen gespenstig, verbergen sein Gesicht – David kriecht – robbt – schleicht – schlängelt sich in das Heerlager von Saul. Unbemerkt gelangt er an das Zelt Sauls; schlüpft zwischen den Tierhäuten hindurch und steht unvermittelt vor dem Schlafenden. Saul atmet ruhig, in Schaffellen gebettet – Hirte und König im Wechselspiel. Der Saum von seinem Rock liegt offen. David hält die Luft an – zieht sein Schwert und trennt den Saum von seinem Gewand und stiehlt sich so leise und unbemerkt davon wie er gekommen – einem Windhauch gleich.

Stellt den Mantelzipfel wie eine Trophäe seinen Männern zur Schau. Sie zollen ihm Respekt – er hat Mut bewiesen und die leichtsinnige Tat wird zum Sieg – zermürbt den Gegner in der Verschonung seiner selbst.

Saul erkennt am Morgen rasch den Urheber und die Gefahr, die hier draußen auf ihn lauert – er stellt David weiter nach. Unfassbare Furcht kriecht ihm die Kehle hoch. Wann wird er dich zu fassen bekommen? Wie wird das enden?

Und David zieht weiter zu den Kalebitern[20] – will die Hauptstadt stürmen, sich des Tempelschatzes bemächtigen. Damit könnte ein Heer zusammengestellt werden, zumindest eine Grundlage für Künftiges geschaffen werden. Kennt sich aus mit der Taktik der gezielten Schläge – der Anschläge auf ausgespähte Opfer. Fällt mit seiner Truppe schließlich in Hebron[21] ein. Tötet Nabal, den Führer der Kalebiter. Raubt ihm seine Frau Abigail und seinen Königsschatz.

Da gab es noch so viele Frauen in seinem Leben. Davon werde ich morgen erzählen. Es graut mir davor.

Gebet um Errettung von Feinden

HERR, führe meine Sache gegen meine Widersacher, bekämpfe, die mich bekämpfen! Ergreife Schild und Panzer und mach Dich auf, mir zu helfen! Zücke Speer und Lanze wider meine Verfolger Es sollen sich schämen und zum Spott werden, die mein Unglück wollen. Sie sollen werden wie Spreu vor der Winde, und der Engel des HERRN stoße sie weg. Ihr Weg soll finster und schlüpfrig werden, und der Engel des HERRN verfolge sie, erschieße sie mit einem Schuss in den Nacken, rücklings, wenn sie ihrer bösen Wege gehen. Unversehens soll sie dieses Unheil überfallen. GOTT, Du bist ein GOTT der Rache. Ich bin gespannt, wann sie Rache an Dir nehmen werden. Dann wirst Du wieder lange zusehen; wirst mich nicht erretten können von ihrem Würgen und mein einzig Gut nicht erretten können vor den hungrigen Löwen.

Racheengel

Frauen

David hatte zum ersten Mal eine Frau geraubt und ihren Mann getötet. Die wunderschöne Abigail. Es wird nicht lange dauern – Michal hatte er schon längst vergessen – ja – sie hatte ihm bei der Flucht geholfen – doch ihrem Schoß ist ihm nichts entsprungen.

Die Tage von Saul sind gezählt und Gilboa[22] nicht mehr Ferne. Da wird sich vor ihm seine Frau Ahinoam in den Staub werfen und um ihr Leben betteln. David wird sie aufrichten und auch heiraten – die Jesreeliterin Ahinoam – so wird es später überliefert werden, um abzulenken, denn sie war eigentlich die Frau des Saul, die ihm den ältesten Sohn Amnon gebar, und nicht irgendeine Frau aus Jesreel.

In Hebron wird er neben Abigail und Ahinoam noch vier weitere Frauen besitzen. Darunter wird die Maacha sein – sie wird die Mutter Absaloms und seiner einzigen traurigen Tochter Thamar werden. Thamar, vom Halbbruder Amnon geschändet und verstoßen. (2 Sam 13,22).

Sie werden ihm in seinem Harem zu Füßen liegen, auf weichen Decken ihn umspielen, ihm den Wein von den fernen Golanhöhen[23] reichen. Hermon, dieser liebliche Wein – kannst dich heute noch in unseren Tagen in ihm versinken – ihn trinken.

David wird ihre elfene Haut berühren, in nicht endendem Rausch, und ihnen auf der Harfe spielen. Und wenn er der mächtigste König Israels werden wird, wird er noch diese unsägliche Geschichte mit der Bathseba anstellen.

Acht Frauen und ungezählte Liebschaften. Er wird vielleicht 20 Kinder zeugen?

Was aus all den Frauen werden wird, nachdem er Bathseba zur Frau genommen haben wird, all das wird Isai nicht mehr erleben und auch nicht mehr sehen müssen. Man wünscht sich gelegentlich blind

zu sein. Denn es versagt die Stimme und das Verstehen verliert sich –
ja, diese Welt mit dieser Bestie Mensch – dem Ebenbild GOTTES –
mein GOTT, warum lässt Du sie so allein? Du siehst doch, was sie
anrichten – immer und immer wieder …

Goldenes Kalb I

Klage über die Macht der Bösen

Vorzusingen, auf acht Saiten.

Hilf, HERR! Die Heiligen haben abgenommen, und treu sind wenige unter den Menschenkindern. Einer redet mit dem andern Lug und Trug, sie heucheln und reden aus zwiespältigem Herzen.

Und sie verachten Deiner — schütteln ihre Häupter und haben nur noch Hohn und Spott für Dich übrig — fürchten Deiner nicht mehr. Du, GOTT, hinter den Urknall verbannt — einem König gleich im Exil — dort kannst Du einsam und von der Welt vergessen sterben, denn wisse — auch Götter sterben irgendwann, da hilft keine Dreieinigkeit und auch kein Alleinstellungsmerkmal. Der Donnerkeil von Zeus ist auch schon stumm. Götter kommen und gehen. Das ist der Lauf der Zeit — es bricht nun bald die Herrschaft von GOTT Mammon an. Dein Bund mit Moses ist gebrochen. SELA. Das goldene Kalb tanzt wild und zügellos auf allen Erdteilen zu gleicher Zeit. Deine Tage sind gezählt.

Frauen

Abimelech

Abimelech, König der Philister, auch Achisch von Gath. Dorthin flieht David – flieht vor Saul in Feindesland. Fürchtet sich vor Rache – fürchtet erkannt zu werden und stellt sich verrückt.

Doch man erkennt ihn, den Bezwinger Goliaths – und die Männer von Achisch bringen David in das Haus von Achisch.

Und er stellte sich wahnsinnig und tobte unter ihren Händen und rannte gegen die Pforte des Tores und ließ seinen Speichel in seinen Bart fließen. Da sprach Achisch zu seinen Knechten: Ihr seht ja, dass der Mann wahnsinnig ist; warum bringt ihr ihn zu mir? Hab ich zu wenig Wahnsinnige, dass ihr diesen herbrachtet, bei mir zu toben? Sollte der in mein Haus kommen? (1 Sam 21,13–16)

Doch David lässt nicht ab. Kommt wieder zu Abimelech, Achisch. Diesmal mit 600 Gefährten. Der Irrsinn ist fern – der Mut gewinnt Überhand – es wird existenziell – er bietet sich dem Feind an – er läuft über. Und Abimelech traut ihm – welch ein Gewinn. Das kann das Ende von Saul bedeuten, und so kommt es dann auch. Die Heere der Philister und der Israeliten treffen im Gebirge Gilboa aufeinander. Die Schluchten sind steil. Alles überschlägt sich, verrennt, verkeilt sich ineinander; Messer sticht in Brust, derweil Messer in Rücken fährt und sie in einem Duett zu Boden sinken; Lanze bricht Aug um Augenlicht … in einem infernalischen Röcheln endet es – sieglos alle fern der Heimat – und auch der Himmel und die Götter sind fern – werden es noch lange bleiben – bis Du, GOTT, wieder Propheten senden wirst. In den Bergen von Gilboa warst Du auf jeden Fall nicht – versteckst Dich ja heut auch immer wieder – wenn Dein Augenlid zwinkert, ist da jemand auf dem Mittelmeer?

Ach, Gilboa – die müden Heere versinken in der Nacht und in ihrem Blut. Was bleibt übrig? Vergeblicher Sieg auf beiden Seiten.

Nichts, nur Sterben ohne Sinn und ohne Ziel. Saul erkennt seinen Sohn, gezeichnet vom Kampf – wohin – es ist leer. Leer die Zukunft – das Alter und die Wunden wiegen nicht minder schwer.

Das Heer vernichtet, der Feind geschwächt – David am Leben – er wird kommen und ihn töten. Saul sieht die Wüste, den Staub, die eins werden mit seiner zerrissenen Haut. War er schon in das Eisen gefallen? Die Erde beginnt sich um ihn zu drehen, löst sich in diesem vermengenden Strudel auf – die Sonne steht blendend im Zentrum – auf einmal ziehen Bilder an ihm vorüber – er kann sie nicht fassen – sie scheinen aus unendlicher Zeit – sie fliegen an ihm vorbei – will sie fassen – und das Licht wird immer heller, die Farben schwinden – und auf einmal weicht die unsägliche Last in eine undefinierbare Leichtigkeit. Das Licht zieht ihn – es verdichtet sich zu einem unendlichen Trichter – in den er hineingesogen wird – fällt in diesen Himmel über das entschwindende Land, um nun selbst in diesem Licht aufzugehen und mit ihm eins zu werden.

Die Philister aber kämpften gegen Israel, und die Männer Israels flohen vor den Philistern und blieben erschlagen auf dem Gebirge Gilboa.
Und die Philister verfolgten Saul und seine Söhne und erschlugen Jo-Nathan und Abinadab und Malkischua, die Söhne Sauls.
Und der Kampf tobte heftig um Saul, und die Bogenschützen fanden ihn, und er wurde schwer verwundet von den Schützen.
Da sprach Saul zu seinem Waffenträger: Zieh dein Schwert und erstich mich damit, dass nicht diese Unbeschnittenen kommen und mich erstechen und treiben ihren Spott mit mir. Aber sein Waffenträger wollte nicht, denn er fürchtete sich sehr. Da nahm Saul das Schwert und stürzte sich hinein.

Als nun Saul tot war, stürzte auch jener sich in sein Schwert und starb mit ihm.

So starben Saul und seine drei Söhne und sein Waffenträger und alle seine Männer miteinander an diesem Tag.

Am andern Tage kamen die Philister, um die Erschlagenen auszuplündern, und fanden Saul und seine drei Söhne, gefallen auf dem Gebirge Gilboa.

Da hieben sie ihm sein Haupt ab und nahmen ihm seine Waffen ab und sandten sie im Philisterland umher, um es zu verkünden im Hause ihrer Götzen und unter dem Volk.

Und sie legten seine Waffen in das Haus der Astarte, aber seinen Leichnam hängten sie auf die Mauer von Bet-Schean. (1 Sam 31,1–10)

Und sie lassen nicht ab vom Bösen und tun nicht Gutes, suchen den Kampf und jagen ihm nach.

Unter GOTTES Schutz

Von David, als er sich wahnsinnig stellte vor Abimelech, und dieser ihn vertrieb und er wegging.

Schmecket und sehet, wie freundlich der HERR ist. Wohl dem, der auf ihn trauet. Das Antlitz des HERRN steht wider alle, die Böses tun, dass er ihre Namen ausrotte von der Erde. Und vor der Zeit Davids zur Zeit der Richter gab es auch schon einen, Abimelech, von dem ich hier berichten will. Es ist der Sohn des Jerubaal. Und mit diesem Abimelech war das auch wieder so eine grauenvolle Geschichte:

Als Oberster Richter Israels wollte er die erste Monarchie in Israel errichten. Es gelang ihm nicht König über die Israeliten zu werden. Das wurde dann später Saul. Aber Abimelech zeigt uns den ewigen Kampf auf, der selbst vor der eigenen Brut nicht Halt macht. Mit dem geraubten Geld aus der Tempelkasse scharte er ein Heer, ein Söldnerheer, um sich. Das gibt es seit Anbeginn der Tage, und jeder ordentliche Heerführer wird auf Söldnertruppen zugreifen – zusammengewürfelt aus aller Herren Länder, sie brauchen sich nicht zu verstehen, sie verstehen sich von selbst, das Handwerk des Tötens geübt, brauchen sie nur einen Führer, der ihnen die Richtung weist. Und Abimelech befahl ihnen stumm die Richtung. Das war dann erst einmal die eigene Sippe. Das Dorf wurde niedergebrannt und auch nicht einer entkam; sie wurden alle getötet und zerstümmelt – keiner blieb am Leben, und da war die Bahn frei. So eroberte sich Abimelech ein kleines Reich. Tempelkassen sind auch irgendwann einmal erschöpft, das unterjochte Volk fängt an zu murren, es regte sich Widerstand. Immer wieder trat er diese Schlangennester aus. Doch sein Ende kam, als er erneut eine Stadt belagerte, die sich seiner widersetzte. In GOTTES Allmacht geschah es, dass eine wunderhübsche junge Frau ihre Stadt rettete. Von den Mauerzinnen der Burg warf sie einen Mühlstein herab und quetschte den Abimelech auf ganz grauenhafte Art und Weise ein, dass nur noch sein geschundener Oberkörper seitlich aus dem Mühlstein ragte, der Rest von ihm lag zerquetscht unter demselben. Es blieben ihm nur noch ein paar bange Minuten des Lebens. Da schrie er laut und bat seinen Soldaten, ihm den Gnadenstoß zu geben, denn er wollte unter keinen Umständen von einer Frau erschlagen sein. SELA.

David, sei froh um der wilden Frauen wegen; sie retten Israel eins ums andere Mal, schenken ihrem Land die Kinder und schießen seine Feinde tot, selbst wenn ihnen dabei das Herz brechen sollte. Der Herr ist nahe denen, die zerbrochenen Herzens sind. Lass ab vom Bösen und tue Gutes, suche den Frieden und jage ihm nach.

Israels Töchter

Hebron

Und hier endet das erste Buch Samuel, endet mit dem Tod Sauls. Doch schwirren noch so viele Geschichten vom Ende Sauls durch Davids Schädel. Was war da eigentlich noch? Träumte oder wachte er? War da nicht ein Bote gewesen, der ihm berichtete, dass Saul gar nicht verwundet war, sondern einen Schwächeanfall erlitten hätte? Und dann der Amalekiter, der zufällig aufs Schlachtfeld geraten war, den Saul tötete und dem träumenden David die Königsinsignien von Saul zu Füßen warf. Statt des erhofften Lohnes hatte er den Mörder Sauls umgehend hinrichten lassen – noch in der gleichen Nacht.

Nun schiebt sich die Sonne wieder träge dem Himmel entgegen, um den letzten Blutstropfen auf dem Schlachtfeld und hinter der Mauer verdampfen zu lassen.

Die Strahlen kriechen zu David, erreichen ihn und werden ihn beim Aufwachen blenden.

David wacht auf. Ja – die letzten Tage hocken in seinen Gliedern. Und auch immer wieder rauschen die zurückliegenden Wochen und Monate der Flucht und von Gath einem Wasserfall gleich seiner Hirnrinde herab, um sich wieder in Gath aufzulösen. Denkt ihr in euren schlaflosen Nächten auch hin und wieder an Gath – es ist nicht weit von Gaza, und eigentlich ist dieser Landstrich immer die Hölle auf Erden geblieben?

David wacht in Hebron auf – er war so lange auf der Flucht gewesen. Sollte das nun vorbei sein und in biblischen Erzählungen für immer versinken?

David, der Löwe Juda, ist erwacht – im Jahr 1011 vor Christi Geburt – und Saul ist wirklich tot.

David streckt sich – erhebt sich vom Lager – die Wüste und das Tote Meer mit En Gedi sind nicht so fern. Sein von den Kämpfen gestählter Körper ist gerade einmal 22 Jahre alt. Er kennt die Frauen – er kennt die Wüste – er kennt den Tod – er kennt die Flucht – die Rache – die Liebe – die Freundschaft – den Verrat – den Hochmut – ist gerade einmal 22 Jahre alt.

Er lässt sich von den Stammesältesten von Juda – noch heute in Hebron – an diesem Tag zum König ausrufen. Dies ist der Beginn der Sonderrolle der Südstämme. Hebron wird die Residenz Davids werden, nur die Philister betrachten David noch als Vasall, da Juda immer noch nominell unter philistischer Oberhoheit steht.

Getrostes Vertrauen in schwerer Not

Ein güldenes Kleinod Davids, vorzusingen nach der Weise „Die Stumme Taube unter den Fremden, als ihn die Philister in Gath ergriffen hatten".

GOTT, sei mir gnädig, denn Menschen stellen mir nach; täglich bekämpfen und bedrängen sie mich. Meine Feinde stellen mir täglich nach; denn viele kämpfen gegen mich voll Hochmut: Gath – du geschundene Stadt zwischen Gaza und Aschdod. Heute ein Zaun in wüstem Land. Die Hamas schickt gelegentlich aus Gaza Raketen Richtung Aschdod. Aug um Aug jagen die F16 gezieltes Feuer zurück auf Gaza. Trümmer auf Trümmer im Ghettoland Gaza. Der Krieg tobte dort zu Davids Zeit, tobte sehr wirkungsvoll unter König Hasael im Jahre 830 vor Christi Geburt. Seitdem gibt es Gath nicht mehr, nur die Kriege währen fort. Und die Tränen werden nicht versiegen in Deinem gelobten Land. SELA.
Zähle die Tage meiner Flucht, sammle meine Tränen in Deinen Krug; ohne Zweifel, Du zählst sie.

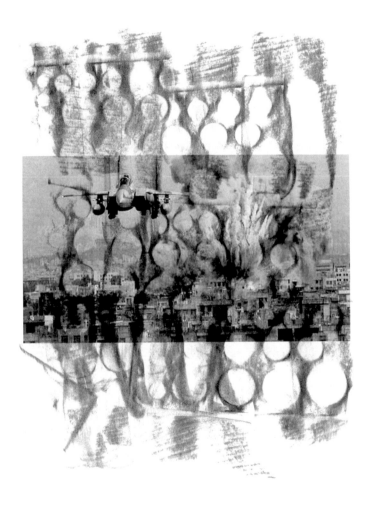

Gaza

König

Hat sich GOTT nun endgültig an seinem Ebenbild, dem Menschen, schuldig gemacht? Hat er einen braven Hirten zu einem hinterlistigen teuflischen König gemacht? Nimmt das Unglück jetzt für immer seinen Lauf? Kampfmaschinen rollen über das Land. Nun will David König über ganz Israel werden. Es kommt zu den Kriegen, Bruder gegen Bruder – Vater gegen Sohn – Juda und Israel liegen sich verbittert in den Armen – reißen sich die Glieder gegenseitig aus – Schmerz überhäuft Schmerz. Leid kriecht über die stillen traurigen Hügel – den Jordan herab bis hin zum Toten Meer. Schlicht Bürgerkrieg – sieben lange Jahre.

Schließlich, nachdem das Töten kein Ende mehr nehmen will, läuft Abner über – von David bestochen – und trägt ihm die Krone Israels an. Doch auch das half dem Abner nicht. Joab, Davids Feldherr und Berater – er war es, der noch Jerusalem erobern wird – er ist es nun – er tötet rücklings, heimtückisch den Abner im Morgengrauen. So stärkt sich die Position Davids im Norden. Auch der letzte Sohn Sauls, Ishboshet, wird ermordet – von Söldnerführern. Folgten getreu den Befehlen des jungen Königs und legen ihm den Kopf zu Füßen. Noch am gleichen Tag lässt David die Mörder hinrichten, um jede Verantwortung an dem Mord von sich zu weisen. Wozu damit seine Herrschaft belasten? Mein GOTT – sag mir nicht, dass Dir dieses ewige Morden gefiel. Hinter welcher Wolke hast Du Dich versteckt – wo waren die himmlischen Heerscharen, Deine Engel, Deine Seraphim[24], Deine Trompeten und die von Zeus liegengebliebenen Donnerkeile? Noch klingt der Todesschrei von Ishboshet in Hebron nach. Dieser hohe, stechend leise, nadelartig klingende Ton – man kann ihn heute noch erahnen, wenn er in Sandstürmen gebettet aus der Wüste über Hebron zieht. Höre Israel – der Klagegesang hört nicht auf. Ishboshet wurde den Geiern überlassen, im Gegensatz zu Abner. Er wurde in Hebron beerdigt. Sein Grab ist bis heute dort erhalten. Seine Seele umflattert die Mauern, und hin und wieder verfängt sie sich im Todesgesang von Ishboshet.

Ishboshet

Einzug in das Heiligtum

Ein Psalm Davids.

Machet die Tore weit und die Türen in der Welt hoch, dass der König der Ehre einziehe. Wer ist der König der Ehre?
Ja — wer ist der König der Ehre? In Babylon[25] war es Marduk, unter Hamurabi war er der Hauptgott in der Stadt, in dem Reich. Sieh das Ischta-Tor – sieh die gewaltige Prozessionsstraße zu seinen Ehren. Marduk, du größter Gott unter allen Göttern. Die Israeliten lernten ihn fürchten in ihrer assimilierten Gefangenschaft. Haben ach so viel gelernt von Marduk. Er wurde ein Teil von ihnen und ihrem kleinen GOTT. Marduk konnte so viel, hatte 50 Namen — da war Asaru, der das Wissen von allen Pflanzen und Bäumen hatte. Da war Asaruludu, der das flammende Schwert trug. Da war Namru, der die Weisheit und das Wissen über aller Dinge besaß, und schließlich Tutu[26], der die Trauernden beruhigte. Da hast Du viel gelernt, mein HERR, mein GOTT — wärest Du nicht in babylonische Gefangenschaft geraten — aus Dir wäre nichts geworden. Besinn Dich Deiner frühen Tage. Da warst Du zugewandter. Tutu war Dir noch näher. Ich sehne mich nach ihm. SELA. Tutu, ich sehne mich nach dir — kümmere du dich halt um die Beladenen — solange mein GOTT auf Abwegen ist.
Mache die Tore weit und die Türen in der Welt hoch. Tutu, der du die Trauernden tröstest. SELA.

Tutu erbarme Dich

Zwei Reiche

David hörte diesen Gesang von Ishboshet; sah die rastlose Seele Abners. Der Klagegesang kroch ihm unter die Haut. Da erinnerte er sich an die Klagegesänge seiner Vorfahren. Das Klagen hatten sie gelernt. Seit den Tagen der Gefangenschaft in Ägypten war es in die Seele der Israeliten eingeschrieben. Isai hatte David davon erzählt in Kindertagen. David sieht diese Bilder aus der Tiefe aufsteigen. Ja, da waren auch die Klageweiber der Pharaonen und der Höflinge. Starb einer, wurden Klageweiber gemietet. Auf ihrer nackten Haut trugen sie weiße dünne Leinentücher – keinerlei Schmuck.

Sie schlugen sich mit ihren flachen Händen auf die entblößten Oberkörper, dass es klatschte, sie bewarfen sich mit Asche und rauften ihre Haare. Dabei heulten und kreischten sie – sangen Lieder, rezitierten Klagelieder, schrien und wehklagten, stießen Gebete in wilden Gesten gen Himmel. Es war ein Anblick, der zittern ließ.

Hörte er den Gesang von Ishboshet immer noch? Das alles war sieben Jahre her. So lange war er nun Herrscher über die zwei Reiche im Norden und im Süden. Regierte inzwischen seit sieben Jahren in Hebron – das war im Jahr 1004 vor Christi Geburt.

Da steht Ahinoam vor ihm, die Mutter von Ishboshet, in seinem Gemach. Er hatte nicht gehört, wie sie eingetreten war. Steht unvermittelt vor ihm – sehr nah. Er kann ihren heißen Atem spüren. Sie streift ihr Kleid ab, steht nackt, steht aufrecht vor ihm und schaut ihm mitten ins Herz; spricht leise, aber sehr bestimmt, in gleicher Tonlage – fast abwesend:

„Ich sehe, dass auch du noch nach sieben Jahren die Klagen meines geliebten Sohnes Ishboshet hörst. Schande über dich! Ja, er hätte dir unbequem werden können. Darum schäme ich mich nicht um

74

meines Sohnes Willen, sondern ich schäme mich für dich. Du hast meinen Mann und alle meine Kinder vertilgt. Du, David, welche Faser deines Körpers ist eigentlich frei von Sünde? Erschlage mich wie einen Hund[27] oder jage mich davon, so wie ich bin. Ich kann deine Gewänder, deine Speisen, deine Gesänge, deine Frauen im Harem nicht mehr ertragen. Ich will dich nie, nie wiedersehen – will dich vergessen – und wenn du mich nicht erschlagen kannst, ziehe ich in die Wüste und überantworte mich dem Gott Baal[28], habe ihm genug Kinder geopfert. Möge er über mich herfahren – dieser dreiköpfige Dämon aus Katze Kröte Mensch mit menschlicher Brust auf Spinnenkörper. Möge Baal mich in sternenklarer kalter Nacht mit seinen Spinnenbeinen greifen und mich mit seinen geifernden Mäulern abwechselnd packen und fressen – auffressen in Gänze mit Haut und Haar, mich inkorporieren und mich in Tränen der Wüste – in Morgentau – verwandeln.

Aber eines Tages wird ein Prophet erscheinen, der die Sünde der Menschen hinwegnehmen wird. Samuel hat's Dir ja schon verkündet. Er wird aus Deinem Hause sein. Eigentlich unvorstellbar."

David senkt sein Haupt – Ahinoam wendet sich ab, tritt ihr Gewand beiseite und kehrt David den Rücken, nun schaut er ihr nach, sie verlässt sein Haus, verlässt Hebron, geht in die Wüste.

In Bethlehem wird 1004 Jahre später ein Prophet aus dem Hause David geboren werden. Er wird eine Predigt halten, die die Welt verändern könnte. Wird es wagen, neue Wege aufzuzeigen:

Selig sind die, die da geistlich[29] arm sind, denn ihrer ist das Himmelreich,
Selig sind die, die da hungern und dürsten nach der Gerechtigkeit, denn sie sollen satt werden.
Selig sind die, die da Leid tragen, denn sie sollen getröstet werden.
Selig sind die Sanftmütigen, denn sie werden das

Erdreich besitzen.
Selig sind die Barmherzigen, denn sie werden
Barmherzigkeit erlangen.
Selig sind die, die da reinen Herzens sind, denn sie
werden GOTT schauen.
Selig sind die Friedfertigen, denn sie werden
GOTTES Kinder heißen.
Selig sind die, die um der Gerechtigkeit willen
verfolgt werden, denn ihrer ist das Himmelreich.
(Mt 5,3–10)[30]

Ach, wie schwer tun wir uns damit immer noch. Der alte David ist
uns näher, selbst Luther hat der Bergpredigt ihren bedingungslosen
Friedensappell genommen.
   Der große Reformator ersann die Zwei-Reiche-Lehre:

Im geistlichen Reich herrscht schon das
Evangelium, in dem anderen Reich,
dem weltlichen, aber noch die Sünde.

Damit können David und unsere unter die Zähne bewaffneten christlichen Nationen gut leben. Sollten wir nicht viel eher dem Frieden
nachjagen?

Lasst ab vom Bösen und tut Gutes; suche den
Frieden und jage ihm nach.[31] (Ps 34,15)

Seligpreisungen[32]

Klage

Der Frevler sitzt und lauert in den Höfen, er mordet die Unschuldigen heimlich, seine Augen spähen nach den Armen. Er lauert im Verborgenen wie ein Löwe im Dickicht, er lauert, dass er den Elenden fange; er fängt ihn und zieht ihn in sein Netz. Er duckt sich, kauert nieder, und durch seine Gewalt fallen die Schwachen. Er spricht in seinem Herzen: „GOTT hat's vergessen, er hat sein Antlitz verborgen, er wird's nimmermehr sehen." Steh auf, HERR! GOTT, erhebe Deine Hand! Vergiss die Elenden nicht! SELA. Vergiss die Elenden nicht – ich flehe Dich an: Herr, vergiss die Elenden nicht, die Deiner harren; vergiss nicht, die um der Gerechtigkeit Willen verfolgt werden; vergiss nicht die Friedfertigen; vergiss nicht, die reinen Herzens sind; vergiss nicht die Barmherzigen; vergiss nicht die Sanftmütigen; vergiss nicht, die da Leid tragen, vergiss nicht, die da hungern und dürsten nach der Gerechtigkeit; vergiss nicht, die da geistlich arm sind – vergiss sie alle nicht – ihrer ist nicht nur das Himmelreich, sie sind Dir Schutzbefohlene – sei ihnen nah – sie haben es so bitter nötig – senden ihnen Deine Engel. Ich weiß schon, HERR, dass Du das könntest. SELA.

Schutzbefohlen

Es ist so weit. David erobert Jerusalem. Das wird die Welt noch sehr, sehr lange in Atem halten. Dieses kahle kleine Moriah-Plateau hat es in sich. GOTT Vater hatte hier am Fuße des Berges Adam aus Lehm geformt und ihm das Leben eingehaucht.

Dem gegenüber errichtete David seine Stadt; die David-Stadt. Salomo baute den ersten Tempel auf dem Plateau und dort wurde die Bundeslade, das Allerheiligste, aufbewahrt. Nebukadnezar II. zerstörte diesen Tempel 586 v. Chr. und die Juden gerieten in die babylonische Gefangenschaft. Nach der Heimkehr errichteten die Juden 516 v. Chr. den zweiten Tempel.

Draußen vor den Toren der Stadt wurde gut 500 Jahre später ein sonderbarer Mann von den Römern hingerichtet – am Kreuz. 30 Jahre nach seiner Geburt – an der sich bis heute unsere Zeitrechnung ausrichtet: Jesus Christus. Sein Kreuz stand exakt über dem Schädel Adams, des ersten Menschen. Bereits 326 n. Chr. gab Kaiser Konstantin eine Basilika in Auftrag, nachdem seine Mutter Helena Christi Grab und die Schädelstätte gefunden hatte. In der Grabeskirche kann man noch heute jenes Golgatha, den Felsen, auf dem das Kreuz errichtet wurde, Adams Schädel, sowie das Grab des wunderlichen Mannes wie ein Kind bestaunen. Lest bei Eusebius von Caesarea, Zeitzeuge … dass dies alles Kunde gibt von den daselbst geschehenen Wundern; denn sie bezeugt die Auferstehung des Erlösers durch Tatsachen, die lauter sprachen als jeder Mund.

Der zweite Tempel wurde 70 n. Chr. von den Römern zerstört. Nach der Reichsteilung Roms fiel Jerusalem 395 n. Chr. an das Oströmische Reich. Unter dieser byzantinischen Herrschaft war erst einmal lange Frieden.

614 n. Chr. eroberten die Sassaniden Jerusalem nach 21-tägiger Belagerung mithilfe jüdischer Verbündeter. Im Anschluss wurden ca. 90 000 Christen in der Stadt ermordet.

Dennoch blieb der erhoffte Wiederaufbau für den Tempel aus. Für diesen Wiederaufbau beten die Juden seitdem an der Westmauer des Tempelberges der Klagemauer.

Schließlich ist Mohamed, obwohl er am 8. Juni 632 n. Chr. in Medina starb, just von dieser Anhöhe mit seinem weißen Pferd gen Himmel gefahren.

Nach der islamischen Eroberung Palästinas wurde auf dem Tempelberg von 630 bis 691 n. Chr. der Felsendom errichtet.

Dann kamen die Araber, zunächst mit den Umayyaden (639–750 n. Chr.), dann die Abbasiden (750–979 n. Chr.), diese wurden schließlich von den ägyptischen Fatimiden abgelöst, die im Jahre 1009 n. Chr. die Grabeskirche abrissen, Pogrome gegen Juden und Christen durchführten. Juden mussten eine Glocke um den Hals tragen. Christen durften kein Pferd besteigen, keine Waffen führen und mussten zwei gelbe Stoffbänder an den Schultern tragen.

1071 n. Chr. fiel Jerusalem in die Hände sunnitischer Seldschuken. Diese erschlugen in Jerusalem unzählige Schiiten. Christliche Pilgerfahrten ins Heilige Land wurden unter diesem Mord und Totschlag schier unmöglich.

1098 n. Chr. eroberten die Fatimiden die Stadt mit modernem Kriegsgerät zurück.

Am 15. Juli 1099[34] n. Chr. erobern die Kreuzritter unter Gottfried von Bouillon und Raimund von Toulouse die Heilige Stadt. Es gibt da so eine Beschreibung nach Raimund von Aguliers: In allen Straßen und auf allen Plätzen waren Berge abgeschlagener Köpfe, Hände und Beine zu sehen. Die Menschen liefen über die Leichen und Pferdekadaver. Aber ich habe bis jetzt nur die kleineren Schrecken beschrieben ... beschreibe ich, was ich tatsächlich gesehen habe, würdest du mir nicht glauben ... So reicht es aus zu berichten, dass in dem Tempel Salomons und dem Säulengang Kreuzfahrer bis zu den Knien und den Zäumen ihrer Pferde im Blut ritten.

Während der christlichen Belagerung von 1099 n. Chr. bis zu ihrer Niederlage in der Schlacht von Hattin im Jahre 1187 n. Chr. war der Tempelberg im Besitz der Kreuzfahrer. Die Schlacht von Hattin wird ungern erzählt. 22 000 Mann starben. Ritter des Templerordens, der Johanniter, Kämpfer des Königreichs Jerusalem und der Grafschaft Tripols. Saladin trieb sie wie Vieh vor sich hin. Am Ende halb verdurstet, wurden sie auf dem Schlachtfeld zwischen Akkon und dem See Genezareth südlich der doppelten Hügelspitze, der Hörner von Hattin, vernichtend geschlagen, überlebende Ritter dekapitiert. Eine Handvoll konvertierten, um der tödlichen Pein zu entgehen. Schlimm war nur, dass das wahre Kreuz Christi, das heilige Kreuz, auch noch von den Muslimen erbeutet wurde. Die Ritter hatten es dem Bischof in Bethlehem anvertraut, aber auch er starb unter den Schwertern Saladins. Es wurde zerteilt und löste sich in alle Winde auf. Zähle nicht der Kreuzreliquare Splitter – viele – viele Kreuze stünden auf, gleich dem Besen, den nur der Hexenmeister in die Ecke weisen kann.

Zu Zeiten der Kreuzritter hieß der Felsendom „templum domini", und in ihn wurde eine Marienkapelle eingebaut. Mit der Rückeroberung durch Saladin wurden bereits im Jahr 1187 n. Chr. die vier Minarette angebaut.

Anders als die christlichen Eroberer, die nach der gewaltsamen Eroberung ein Blutbad unter der Zivilbevölkerung anrichteten, kam es dank der Kapitulation nach der vernichtenden Schlacht bei Hattin und der Weitsicht von Saladin nicht zu Plünderungen, Vergewaltigungen oder Tötungen.

Im Verlauf des 3. Kreuzzuges plante der englische König Richard Löwenherz auch die Rückeroberung Jerusalems, beließ es aber 1191 n. Chr. bei Akkon, das nunmehr die christliche Hauptstadt des Königreichs Jerusalem sein sollte.

Während des Kreuzzuges von Damitte ließen die ayyubidischen Führer 1229 n. Chr. die Stadtbefestigungen von Jerusalem einreißen, bis auf den Davidsturm, um den Christen keine befestigte Stadt zu überlassen. Von da an blieb Jerusalem für 300 Jahre unbefestigt. Bis zum Neubau unter den Osmanen 1537–1540 n. Chr.

Während all dieser Jahre waren Christen und Juden diskriminiert, dennoch existierten das jüdische und das christliche Viertel in der Stadt, und der Strom der Pilger riss nie ab.

1516 n. Chr. eroberten die Osmanen unter Süleyman I. Jerusalem. Erdoğan wäre gerne genauso mächtig, wie er es einst war.

Trotz aller Schwierigkeiten war es auch eine sehr lange Zeit der Toleranz und des Friedens. Am Ende kamen sogar deutsche Interessen mit der Eisenbahn unter anderem mit ins große Spiel um die Davidsstadt.

Wilhelm II. baute schließlich in Jerusalem die Erlöserkirche. 1898 n. Chr. kaufte er ein Grundstück auf dem Zionsberg und ließ eine Kirche erreichten: dormitio mariae, denn just dort starb die Heilige Mutter Maria, die uns Jesus schenkte, und zu allem kolonialem Überfluss ließ Wilhelm II. auch noch die Himmelfahrtskirche Auguste Viktoria nebst Hospital auf dem Ölberg im neobyzantinischen Stil errichten. Der Turm gemahnt schon an dunklere Zeiten. Er weihte sie mit großem Pomp 1910 n. Chr. ein. Unmittelbar neben der „Dormitio" auf dem Zionsberg befindet sich das Grab Davids. Im Obergeschoss desselben Bauwerks soll das letzte Abendmahl stattgefunden haben, im unteren Geschoss die Fußwaschung, sodass sich hier die Kreise schießen.

Dies alles im Umfeld des Grabes hat der Kaiser fein säuberlich aufs Schönste hergerichtet. Am deutschen Wesen sollte noch viel genesen.

Das endete dann alles jäh mit der Besetzung der Engländer nach dem 1. Weltkrieg. Es folgte die britische Mandatszeit – Versprechungen – viel Lug und Trug, der 2. Weltkrieg und schließlich 1947 n. Chr.

der Teilungsplan, auf dem Gebiet des heutigen Israel einen jüdischen und einen arabischen Staat zu schaffen und Jerusalem unter internationale Verwaltung zu stellen. Die Stadt sollte als corpus separatum durch einen Treuhänderrat und einen UN Gouverneur regiert werden. Dann folgte Resolution auf Resolution – der Teilungsplan wurde nie umgesetzt, dafür reiht sich nun wieder Krieg an Krieg.

Im Palästinakrieg wurden die Bebauungen auf und um den Tempelberg von Granatbeschuss zum Teil zerstört. Das wurde in den folgenden Jahren mit finanzieller Hilfe aus Ägypten, Jordanien und Saudi-Arabien wiederaufgebaut. Im Sechstagekrieg 1967 n. Chr. gelangten israelische Soldaten an die Klagemauer, die seit dieser Zeit wieder für Juden zugänglich ist.

Der Tempelberg steht heute unter jordanischer Verwaltung.

So manche Intifada wurde aufgrund dieses Zankapfels ausgelöst. Der Frieden zwischen Palästinensern und Israeliten scheiterte eins ums andere Mal an dieser Stadt, an diesem Hügel. So viele Menschen starben und sterben in diesem Konflikt nunmehr ohne Unterbrechung, pausenlos, seit 70 Jahren. Osloer Friedensverhandlungen, Camp David I und II und schließlich die Road Map 2002 sind gescheitert.

Die Mauern werden höher – die Instabilität der Region asymmetrischer. Scheinbar zu ewigem Krieg verurteilt.

Am 7. April 2017 n. Chr. erkennt Russland als weltweit erster Staat Westjerusalem als die Hauptstadt Israels an.

Zum 70. Jahrestag der Staatsgründung Israels, am 14. Mai 2018 n. Chr., wird die Botschaft der Vereinigten Staaten von Amerika nach Jerusalem verlegt.

Diesen Hügel und diese Stadt erobert David im Jahr 1004 v. Chr. Zu diesem Zeitpunkt ist sie die befestigte Hauptstadt der Jebusiter, genau zwischen den Gebieten von Benjamin im Norden und Juda im Süden. So schafft er sich eine Machtbasis, ohne einen der Stämme zu bevorzugen. Wird König über gesamt Israel, und Urusalim wird sein persönlicher Besitz. Der älteste Teil der Stadt Jerusalem heißt somit zu recht Davidsstadt. Diese Stadt hat den unbezahlbaren Vorteil, neutraler Boden zu sein, der keinem Stamm gehörte. Jetzt wird Davids Herrschaft durch den Propheten Nathan, dem Oberpriester der Jebusiter, bestätigt, damit wird seine Herrschaft auch als Stadtkönig anerkannt.

Der Stadtgott Jerusalems ist zu Davids Zeit El-Eljon. El-Eljon hat viel mit dem ägyptischen Amun-Re gemeinsam. Dieser ist der König der Götter, Schöpfergott, Herrscher der Sonne und der Winde. Seine Priester vertraten eine hochstehende Ethik – viel weiter entwickelt als die dieser wilden Nomadenstämme. So ist es auch Nathan möglich, David ein schlechtes Gewissen zu vermitteln und ihn mit GOTT und sich in Zweifel zu ziehen.

Gottes Stadt

Ein Psalmlied der Korachiter, vorzusingen.

Zittern hat sie daselbst gepackt, Angst wie eine Gebärende. Du zerbrichst die großen Schiffe durch den Sturm vom Osten.

Die Burg Zion lag südlich vom Tempelberg, die Jebusiter waren die Herrscher über diese Festung. Trennten mit diesem Sperrriegel die israelitischen Stämme. Es war der Stachel im Fleisch, würde es doch gelingen, einmal diese Feste zu erobern. Das war dein Sieg, David – du hast Jerusalem – hast Zion erobert. Es freue sich der blutgetränkte Berg Zion, und die Töchter Juda seien fröhlich. Du hast Adams Grab deinem Volk geschenkt. Danke deinem mächtigen Gott, der die Feinde zerschlägt wie tönerne Krüge. Diese Anhöhe, an dem Gott den Menschen nach seinem wilden Bilde schuf, wird ewig Zank bleiben. Schädelberg folgt Schädelberg – ein Golgatha[35] wird sich über das nächsten häufen. Sela. Ziehet um den Zion herum und umschreitet ihn, zählt seine Türme; habt gut Acht auf seine Mauern, durchwandert seine Paläste, dass ihr den Nachkommen davon erzählt: Dieser ist Gott, unser Gott für immer und ewig. Er ist's, der uns führet in den Kampf um seines Namens willen. Folgt ihm auf dem Weg durch das Zionstor[36], sucht seinen Sohn, dort hielt er seine letztes Mahl mit seinen Jüngern, bevor die Folterbank rief. Sela.

Zionstor

Kriege

Ich will und kann nicht mehr davon schreiben. Es geht immer weiter und hört und hört nicht auf. David führt Krieg um Krieg:

Krieg gegen Ammon[37] – es wird annektiert – die dritte güldene Krone Davids, gleich einem güldenen Kleinod vorzusingen nach der Weise „Lilie des Zeugnisses der Belehrung".

Krieg gegen Moab[38] – es wird zum Vasallenstaat degradiert.

Krieg gegen Edom[39].

Krieg gegen die aramäischen Königreiche Tob, Maacha, Bet-Rehob und Damaskus[40]. Alle werden annektiert – Statthalter werden eingesetzt.

Krieg gegen den Aramäerkönig Hada-Eser von Zoba. Sein Reich reichte bis zum Euphrat. Er wird tributpflichtig.

David errichtet ein gewaltiges Imperium nach dem Muster altorientalischer Staaten: Es gibt eine zivile und eine militärische Verwaltung, einheitliche Rechtsprechung – Nathan sei Dank. Die bäuerlichen Siedlungen auf dem Tafelland von Benjamin und in der Wüste Juda werden befestigt.

Wer ist hier das verstoßene Volk? Ich weiß es nicht mehr. Erzählt mir bloß nicht mehr, dass GOTT diese Kriege gewollt hat. Das nehme ich euch nicht ab. Und wenn es so gewesen sein sollte, heute in der Nachfolge Jesu sollte das vorbei sein, und doch scheint auch das umsonst gewesen zu sein. Der Engel von Benjamin! Ich werde ihn einfach nicht mehr los:

„angelus novus:

Es gibt ein Bild von Klee, das Angelus Novus heißt. Ein Engel ist darauf dargestellt, der aussieht, als wäre er im Begriff, sich von etwas zu entfernen, worauf er starrt. Seine Augen sind aufgerissen, sein Mund steht offen und seine Flügel sind ausgespannt. Der Engel der

Geschichte muß so aussehen. Er hat das Antlitz der Vergangenheit zugewendet. Wo eine Kette von Begebenheiten vor uns erscheint, da sieht er eine einzige Katastrophe, die unablässig Trümmer auf Trümmer häuft und sie ihm vor die Füße schleudert. Er möchte wohl verweilen, die Toten wecken und das Zerschlagene zusammenfügen. Aber ein Sturm weht vom Paradiese her, der sich in seinen Flügeln verfangen hat und so stark ist, daß der Engel sie nicht mehr schließen kann. Dieser Sturm treibt ihn unaufhaltsam in die Zukunft, der er den Rücken kehrt, während der Trümmerhaufen vor ihm zum Himmel wächst. Das, was wir den Fortschritt nennen, ist dieser Sturm."[41]

Der Trümmerhaufen ist im Himmel angekommen!

Gebet des verstoßenen Volkes

Ein güldenes Kleinod Davids, vorzusingen nach der Weise „Lilie des Zeugnisses zur Belehrung". Als er mit den Aramäern[42] von Mesopotamien und mit den Aramäern von Zoba Krieg führte; als Joab umkehrte und die Edomiter im Salztal schlug, zwölftausend Mann.

Gott, der Du uns verstoßen und zerstreut hast und zornig warst, tröste uns wieder; der Du die Erde erschüttert und zerrissen hast, heile ihre Risse; denn sie wankt und taumelt. Atlas wird den zerschmetterten Himmel nicht mehr langen tragen können. Die Risse tun sich auf gleich den Gräbern am jüngsten Tage — Schwefel und Feuer werden emporsteigen und Dein Heilen wird vergebens sein. Die Sonne ist mächtiger als Dein Segen, Gott. Der Stern wird platzen und das Staubkorn Erde wird in einem Bruchteil einer Sekunde vergehen. Alles, was auf ihr noch dem Feuerregen entgangen ist, wird schlicht Licht. Sela. Und dann wird es lange sehr, sehr kalt und finster bleiben.

Das Ende der Welt

Residenz

Im Jahr 1000 v. Chr. macht David Jerusalem zu seiner neuen Residenz. Er baut die Davidsstadt auf einen schmalen Höhenrücken südlich des heutigen Tempelberges. Sie wird im Norden vom Ophel und der Gihonquelle begrenzt, im Süden von dem Teich Siloah[43], westlich liegt das Käsemachertal und im Osten das Kidrontal. Der Höhenzug war seit 4500 v. Chr. besiedelt.

David baut einen Palast für sich und einen weiteren für Bathseba. Er holt die Bundeslade aus Kirijat Jearim und errichtet ein Zeltheiligtum, wobei er nackt auf dem Berg Zion, dem der Davidsstadt gegenüberliegenden Hügel, einen archaischen Tanz aufführte.

Es war David wichtig, dass die Bundeslade weiterhin in einem Zelt aufbewahrt wurde. Das gemahnt an JHWH Zebaot, den kriegerischen Gott der Hebräer. Dieser war ein Sturm- und Wüstengott eines Nomadenstammes aus der Wüste am Toten Meer, ständig bereit zum Kampf und bereit für die Flucht. Die Bundeslade hatte kein festes Heiligtum und sollte es deshalb auch in Jerusalem noch nicht bekommen.

Erst sein Sohn Salomo wird sie später in den ersten Tempel auf das Moriah-Plateau – den Tempelberg – überführen.

„Und als die Lade des HERRN in die Stadt Davids kam, sah Michal, die Tochter Sauls, durchs Fenster und sah den König David springen und tanzen vor dem HERRN und verachtete ihn in ihrem Herzen.

Als aber David heimkam, sein Haus zu segnen, ging Michal, die Tochter Sauls, heraus ihm entgegen und sprach: Wie herrlich ist heute der König von Israel gewesen, als er sich vor den Mägden seiner Knechte entblößt hat, wie sich die losen Leute entblößen! David aber sprach zu Michal: Ich will vor dem HERRN tanzen, der mich erwählt hat vor deinem Vater und vor seinem ganzen Hause, um mich zum Fürsten zu bestellen über das Volk des HERRN, über Israel, und ich will noch geringer werden als jetzt und will niedrig sein in meinen Augen; aber bei den Mägden, von denen du geredet hast, will ich zu Ehren kommen. Aber Michal, Sauls Tochter, hatte kein Kind bis an den Tag ihres Todes." (2 Sam 6)

Dies alles geschah in den Tagen, da sein Vater Isai und seine Mutter Nizewet starben. Sie waren alt geworden. Ihre Haut ... Herzinfarkt ... das wird noch beschrieben. Sie waren David gefolgt. Isai wunderte sich, was da aus seinem Stamm Jesse entsprungen war – Samuel hatte sein Sohn gesegnet. Oft sprach er mit Ruth über die Kinder, von den Tagen auf dem Felde bei den Hürden. Jerusalem ängstigte sie. Die Machtfülle, die ewigen Kriege des Sohnes. Sie verstanden die Welt nicht mehr – sie schien aus den Fugen zu hüpfen ...

Psalm 6

Bussgebet in Anfechtung

Vorzusingen beim Saitenspiel auf acht Saiten.

HERR, sei mir gnädig, denn ich bin schwach; heile mich, HERR, denn meine Gebeine sind erschrocken und meine Seele ist sehr erschrocken und meine Knie zittern. Ach, Du, HERR, wie lange – und ich suche Dich schon seit Langem. HERR, Du bist sehr weit. SELA. Da ist noch etwas, etwas Unaussprechliches:
Du ahnst mich, selbst, wenn ich Dich verachten wollte.
Ich werde Dich im Gebet heimsuchen und Dir zürnen.
Ich schwemme mein Bett die ganze Nacht und netze mit meinen Tränen mein Lager. Mein Aug ist trüb geworden vor Gram – ja – ich spüre es – und trotzdem rückst Du mir näher – kommst mir entgegen und ich kann Dir begegnen. Warum braucht das so lange? Und dennoch fürchte ich mich – weiß ich, wie es weitergehen wird? Ich lasse mich in die Zeit fallen und horche noch gebannt in die sternenklare Nacht – nichts regt sich mehr – selbst der Wind kann die Grashalme nicht mehr wiegen, als seien sie erfroren, obwohl es so schwül ist. Sinne schwinden sanft – jetzt bist Du mir hautnah, meine Knochenhaut – im Tod gedenkt man Deiner nicht mehr. Wer wird Dir bei den Toten danken?

Knochenhaut

Bathseba

Der Trümmerhaufen vom „angelus novus" ist im Himmel angekommen, und David steht auf seiner Terrasse. Heute fliegt Bathseba als Asteroid im äußeren Hauptgürtel unseres Sonnensystems mit einer Orbitalgeschwindgkeit von 17,1 Kilometer in der Sekunde um die Sonne – fünfzig Mal schneller als der Schall.

Ebenso schnell verfängt sie sich im Herzen von David. Er ist gebannt von ihrer Schönheit, dieser stolzen adligen Frau aus dem uralten Jebusitergeschlecht[44]. Fein sind ihre Gesichtszüge – er schaut hinunter in ihren Garten. Da steht sie! In der Mittagssonne. Die Dienerinnen legen ihr das Kleid ab. Bunte Papageien schreien in den Dattelbäumen. Ihr Gefieder spiegelt sich im Bad. Auf dem Wasser liegen rosa Blüten – der Jasmin duftet schwer und lüstern hinauf. Sie weiß, dass David von seinem Palast in ihren Garten schaut – sie hatte ihn immer wieder heimlich ausgespäht, wann er nach dem Mittagessen auf seine Terrasse hinausschritt. Das nutzt sie nun, um zum richtigen Zeitpunkt das Bad im Garten richten zu lassen. David beobachtet sie – kann seinen Blick nicht mehr von ihr lassen – gebannt sieht er – auf ihren nun nackten Körper – sie wartet – zögert – schreitet nicht sofort ins Bad – geht stolz noch einmal um den Judasbaum, seine Blüten waren schon zu Zeiten der Richter aus Scham rot angelaufen. Dieser wunderschöne Baum, an dem sich später einmal Judas Ischariot erhängen wird. Der gewöhnliche Judasbaum[45] – Ordnung der Schmetterlingsblütenartigen. Sie will David an ihren Körper fesseln, so wie sie gerade von den Schmetterlingen im Garten umweht wird. Er soll schon jetzt in Gedanken mit ihr gemeinsam in dieses Bad der Begierde sinken – sie will ihn schlicht verführen.

Sie weiß, dass sie unter dem Schutz von Nathan steht. Er ist auch aus dem Stamm der Jebusiter. Sie kann das Unerhörte wagen, David gewinnen zu wollen.

Uriah, ihr Mann, der Hethiter[46] aus dem heutigen Anatolien, ist fern. Er kämpft für seinen König David an allen Fronten. Er kennt die neuesten Kampftechniken, kann den Streitwagen lenken und Eisen schmieden – Kenntnisse, die die Hebräer noch nicht hatten. Uriah, ein Kampfgefährte aus alten Tagen. Uriah, der Soldat, der aus der Ferne zu David kam. Schon vor Alexander dem Großen kannte man die Taktik, durch die Verheiratung von Offizieren aus der Fremde mit einheimischen adligen Frauen eine neue Oberschicht zu schaffen.

David lässt sie rufen, will ihr nah sein, sie in Besitz nehmen!

Sie will ihm seine Sinne rauben – so verschmelzen List und Lust in Zuneigung und in ihrem Ziel, sich von David schwängern zu lassen. Der Ehebruch und die Frucht daraus wiegen auch für David schwer. David möchte das noch ungeborene Kind dem Uriah unterschieben, versucht, Uriah von der Schlacht nach Hause zu locken, um die Schandtat zu kaschieren. Doch Uriah ahnt das Übel – lehnt ab, von der Front heimzukehren.

David, von GOTT verlassen, befiehlt Uriah daraufhin in der nächsten Schlacht an einen Kampfplatz, an dem er von seinen Soldaten verlassen sein wird und plötzlich allein der Überzahl der Feinde gegenübersteht. Der teuflische Plan geht auf und Uriah – wehrlos – wird von den Feinden getötet.

Als David die Nachricht erhält, entfährt es ihm: Eli, Eli, lama asawtani – warum, mein GOTT, hast Du mich verlassen?

Seine Gedanken verlieren sich im – warum habe ich Uriah, meinen teuersten Weggefährten, den Feinden – dem Tod ausgeliefert – warum – warum habe ich Bathseba … mein GOTT! Mein GOTT, sei mir gnädig nach Deiner Güte, und tilge meine Sünden nach Deiner großen Barmherzigkeit. Wasche mich rein von meiner Missetat, und reinige mich von meiner Sünde; denn ich erkenne meine Missetat, und meine Sünde ist immer vor mir. An Dir allein habe ich gesündigt und übel vor Dir getan …

GOTT, sei mir Sünder gnädig

Ein Psalm Davids, vorzusingen, als der Prophet Nathan zu ihm kam, nachdem er zu Bathseba eingegangen war.

GOTT, sei mir gnädig nach Deiner Güte, und tilge meine Sünden nach Deiner großen Barmherzigkeit. Wasche mich rein von meiner Missetat, und reinige mich von meiner Sünde; denn ich erkenne meine Missetat, und meine Sünde ist immer vor mir. An Dir allein habe ich gesündigt und übel vor Dir getan ...

Und vor allem an Bathseba — hast sie begehrt, geraubt, missbraucht, geschändet, geschwängert, gelogen, vertuscht, hast ihren Mann heimtückisch morden lassen, sie zur Heirat gezwungen — da geht auch die Seele einer starken Frau kaputt — da wird Schönheit zum Fluch.

Wie war das, David, als du Bathseba zum ersten Mal gesehen hast, sie in ihrem paradiesischen Garten beobachtet hast? Diese wunderhübsche Frau von deinem General — im Bade von bunten Papageien umflogen — im Schatten der Dattelpalmen. Da kroch sie hoch in dir — diese zügellose Lust — diese Begierde, Besitz zu ergreifen — in diese Frau einzugehen. Bathseba, die Frau deines Generals. Wie teuflisch, wenn Unrecht und Macht zusammenfallen. Das ging alles so schnell. Dein Auge hatte gerade für einen Moment geschaut, so lang, wie es braucht, wenn Wimpern zucken, da war der Befehl schon ausgesprochen — sie zu rauben. Noch in der gleichen Nacht wirst du sie schänden und schwängern.

Die Sünde versuchtest du zu vertuschen — es gelang dir nicht — der artige General kehrte nicht ein in sein Haus in Zeiten des Krieges. Da blieb dir nur noch, ihn in ein Himmelfahrtskommando zu schicken. Er starb an der Front — das geht ganz einfach — tausendfach.

Sein Blut versickerte. Die Gedärme von Schakalen gefressen, die des Nächtens über die Schlachtfelder streifen.

Nun war die Bahn frei und du nahmst sie dir zur rechtmäßigen Frau.

Das Kind starb noch im Leib der Mutter. Was hast du Bathseba angetan? Wessen Herz hast du zerschlagen? Und fragst nun GOTT – schreist nach Vergebung – deine Brandopfer gefallen nicht mehr … sie sind mit Menschenblut getränkt – das schreckt selbst GOTT!

Die Opfer, die GOTT gefallen, sind ein geängstigter Geist!

Ja nur ein geängstigtes, zerschlagenes Herz wirst du, GOTT, nicht verachten.

SELA.

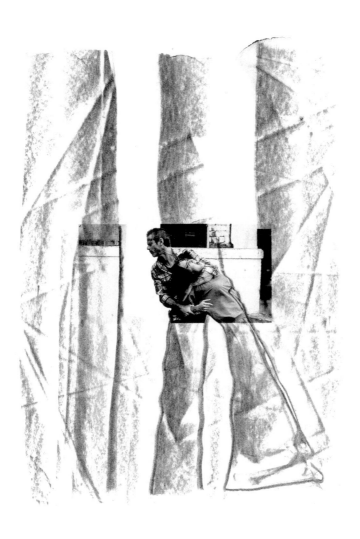

Bathseba wird zum König gebracht

Nathan

Nathan, der Jebusiter, war jetzt nicht nur Priester des Schöpfergottes und des Herrschers des Himmels und der Erde – nein, er hatte nun auch seine „eigene Königin" – die Jebusterin Bathseba –, obwohl im 5. Buch Mose GOTT selbst noch ihre Vernichtung durch die Israeliten vorausgesagt hatte:

> Wenn dich der HERR, dein GOTT, ins Land bringt,
>
> in das du kommen wirst, es einzunehmen, und er
>
> ausrottet viele Völker vor dir her, die Hethiter,
>
> Girgaschiter, Amoriter, Kanaaniter, Perisiter, Hiwiter
>
> und Jebusiter, sieben Völker, die größer und stärker
>
> sind als du, und wenn sie der HERR, dein GOTT,
>
> vor dir dahingibt, dass du sie schlägst, so sollst du an
>
> ihnen den Bann vollstrecken. (5 Mos 7,1–2)

Nun war es für Nathan ein leichtes Spiel: David grämte sich immer noch um Uriah – sang seinem GOTT die verzweifelten Gesänge. Er trug die Narben, die äußerlichen, der Strapazen als Kind-Soldat – Verfolgter – sie waren leicht zu tragen – jetzt narbt es in der Seele – diese Narben knoten schwerer – tun länger weh! Ja, diese Lieder höre ich auch – am Tage, wenn ich wache, und nächtens, wenn ich schlafe – warte nur balde – dann hörst du sie auch und über deinen Wipfeln im Walde bleibt es nicht mehr lange ruhig.

Nathan hatte dem Freunde David den Frevel seines Königs David übereignet. David muss Bathseba heiraten, um zumindest zu legitimieren, was eigentlich nicht legitimierbar ist. Für Nathan eine paradoxe Intervention. Nun, sie ist seine Schutzbefohlene. Durch diesen Übergriff Königin geworden und in den Harem aufgenommen. Doch ihre Vormacht schwindet jäh, da GOTT dieses Kind im Mutterleib verenden lässt. Ein toter Klumpen Fleisch entfällt ihr unter Schmerz den Lenden – zur Freude von Abigail und Michal, die beide weiter um die Vormachtstellung der Hauptfrau im Harem konkurrieren. Das wird noch dauern – aber Bathsheba wird dem David noch den Salomo gebären …

Wen nimmt GOTT an?

Herr, wer darf weilen in deinem Zelt? Wer darf wohnen auf deinem heiligen Berg?

Ich glaube, die Hurensöhne, die Verachteten, die Wucherer, die Mörder – die, die Deiner spotten, und ganz gewiss all die Gequälten und Gefolterten. Und sei auch bei denen, die sich gerächt haben aus Scham und Verletzung. Sei bei Eva, die einst Adam zwang, das Gebot zu brechen, sei bei Eva heute, wenn sie Adam zum Töten treibt. Sei bei all diesen unschuldigen Kindern, die alles verloren haben: Fürsorge, Achtung und zu guter Letzt ihr so zartes junges Leben – sie und ihre ungeborenen Kinder hätten diese Welt retten können. Lasse sie alle wohnen auf deinem heiligen Berg. Da bin ich ganz bei Deinem Sohn.

Rache

Absalom

Hier beginnt es erst einmal mit Amon, dem älteren Halbbruder, dem Erstgeborenen. Das wiegt in archaischen Zeiten und zuweilen auch heute noch schwer. Da sollen Haus und Hof zusammengehalten werden – Schlossberg und Wälder durch Generationen gleiten – Königreiche auf ewig währen. Das gelingt selten, und was ist schon eine Ewigkeit? Schon mal enden sie in einer Nacht im Rausch.

So auch bei Amon. Er fiel über seine Halbschwester Tamar her und vergewaltigte sie – was folgt daraus? Opfer und Täter, für immer aneinandergekettet – welch grauenvoller Fluch, den nur Götter ersinnen können. Jedes Menschenherz würde einem Schopf-Tintling gleich in Schmerz zerfließen. Diese wundersamen Pilze zerfließen tatsächlich von einem zum anderen Augenblick. Das nennt man Autolyse – Selbstauflösung. Die abgestorbenen Körperzellen lösen sich auf mittels Enzymen, die im Gewebe schon vorhanden sind, ohne Beteiligung von Bakterien oder anderen Lebewesen. Diese Selbstverdauung geschieht mit Enzymen wie Cathepsinen und anderen Peptidasen. Die Autolyse ist der erste Verwesungsprozess nach dem Tod.

Ja – genau das passiert auch im wunden Herz.

Amon, der Älteste, hatte in einer Nacht seine und Tamars Würde erwürgt – als ob er mit seinen bloßen Händen der weißen Taube selbst den Kopf abgerissen hätte.

Seiner Seele Narben konnten nicht zu einer grauenvollen Geißel reifen – es fehlten schlicht die Jahre – denn solch eine Marter reift langsam – auch die Erinnyen, die Rachegeister, verstehen ihr Handwerk – bis das Selbst sich in sich selbst zerfleischt und irre wird, wie es einst in griechischer Vorzeit Orest widerfuhr.

Nein, dafür blieb Amon nicht Zeit und Raum – war es Gnade, dass ihn Absalom noch am Tag im Bad ertränkte, in dem er all das Blut, den Schleim und Schweiß abwaschen wollte? Einem Racheengel gleich stürzte sich Absalom auf und über ihn her – packte ihn an den Schultern und warf sich mit seinem gesamten Gewicht auf sein Haupt – zwang es unter Wasser – die Beine zappelten verzweifelt, als ob sie schon nicht mehr diesem Körper gehören würden, Brustkorb bäumt sich auf – ringt nach Luft – schluckt – platzt – zuckt – schlägt – und verschwimmt versinkt vergeht – endlich-endlich.

Der leblose Körper gleitet in die Wanne – selbst die Wasseroberfläche kommt zur Ruhe – und Absalom verlässt mit stierem Blick diesen Ort, dieses Haus der Schande und der Rache. Macht sich auf den Weg.

Einen Weg, der mit Leichen, Mord und Totschlag geebnet sein wird.

David kann es schwer fassen. Da sitzt Absalom, erzählt ihm das alles ohne eine Träne in den Augen. Schamlos – am liebsten würde er ihn … ach, er weiß es nicht.

„Absalom, mein Sohn", spricht er, „was machen wir hier – wohin führt das? Sag, wer ist der nächste – wann hört die Rache auf – wo beginnt Gnade – sag mir das, mein Sohn."

Die Bundeslade steht nun sicher – aber unsere Herzen irrlichtern heimatlos, sich selbst verzehrend. Wirst du einst die Hand gegen mich erheben?

Absalom schweigt stille – wird sich dennoch verschwören: gegen den König – nicht den Vater – hatte nicht den Bruder, sondern den Frevler ersäuft.

David kennt das Leben – hat dem Tod so oft in die brechenden Augen geschaut – wenn die ausgehauchte Seele dahinfährt in GOTTES Herrlichkeit oder sonst wohin. Er hatte seinen Instinkt, den ihn das kahle Gestrüpp in der Wüste bei den Herden gelehrt hatte, nie vergessen. David, der Hirtenjunge, kann Gefahr riechen.

Und sein Sohn hier riecht gefährlich.

Wenn sich Absalom erheben wird, werden ihn Davids Soldaten jagen.

Es wird Zeit, Salomo als Nachfolger aufzubauen – das geliebte kluge Kind mit den gutmütigen Gesichtszügen Bathsebas – bevor sich Absalom mit seiner stolzen Mähne im Geäst verfangen wird ... – dann schlagen Beine Luft – werden keinen Halt mehr finden. Das Ende ist immer nah.

Mein GOTT – wann schlägt es für Dich: das letzte Stündlein?

Wenn wir Deine Schöpfung getilgt haben? Und den Bund mit Dir brechen und die nächste Sintflut alles, aber diesmal auch wirklich alles hinweggerafft haben wird und der letzte Mensch von diesem Erdball getilgt ist, wirst auch Du für ewig vernichtet sein. Dann gibt es keinen Regenbogen mehr und Insekten werden Deiner zum Glück nicht nötig haben. Dennoch bist Du mein Trost – bleibst Gewissheit in den Tagen der Anfechtung!

Morgenlied in böser Zeit

Ein Psalm Davids, als er vor seinem eigenen Sohn Absalom floh.

> Pause. SELA —
> Ruhepunkt im Gesang —
> In Dir finde ich Ruhe.
> Der Ursprung dieses hebräischen Wortes liegt
> Im Verborgenen, in hebräischer Schrift
> ס – ל – ה
> samech — lamed — heh,
> Es könnte auch dem Echofelsen entlehnt sein.
> SELA findet sich auch immer wieder auf
> Jüdischen Grabsteinen:
> SELA — Amen.

Die Pausen währen nicht lang, und der HERR wird der Frevler Zähne zerschmettern. Schon mal kommt es vor, da zerhaut er dich, der HERR — der König. David wird vor seinem eigenen Sohn Absalom fliehen müssen — er fürchtet um sein nacktes Leben — Angst vor Mord und Totschlag. Am Ende verfing sich Absalom, der seinen Vater stürzen wollte, mit seinen wehenden Haaren einer Löwenmähne gleich, im Geäst einer Eiche. Dort, in der Luft baumelnd, zwischen Himmel und Erde, wurde ihm vom Hauptmann Davids eine Lanze ins Herz gerammt. Herr, Dein Segen komme über Dein Volk! SELA.

Absalom

Salomo

Da fährt David in den Himmel und sieht noch einmal das Schaf, das der Hirte[47] neben ihm in seiner Geburtsstunde in den Himmel riss – jetzt wird er eins mit ihm …

David spricht leise in sich: „Sei stille, mein Herz, und höre – höre meine Missetat – sie lauert und giert nach mir und will mich vertilgen. Ich spüre es in jeder Zelle; in jedem Zellkern hockt der Frevel. Er kriecht in den letzten Winkel meines Körpers. Da wird es dunkel und stille um mich. Vergib mir meine Schuld und führe mich nicht in Versuchung – wolltest mir meine Sünde doch vergeben – denn sonst fährt mein Leben dahin … SELA … Ich vertraue auf Dich, auf wen sollte ich sonst bauen. Erschrecke mich nicht in der Nacht. Erschrecke mich nicht am Tag, denn ich fürchte Dich – gib mir Frieden und sei mir Sünder gnädig." SELA.

Und das Denken wird umschattet – und noch einen letzten Satz flüstert David seinem Sohn ins Ohr:

„Der gute Hirte wird kommen – das ist noch nicht das Ende der Geschichte."

Sein Augenlicht bricht – die Hand lässt los – Atem entschwindet seiner Seele – fährt mit dem Lamm empor – dem großen Licht entgegen – lässt Salomo allein zurück.

Salomo hält noch lange die Hand von David.

Psalm 41

Gebet in Krankheit

Wohl dem, der sich des Schwachen annimmt! Ich sprach: HERR, sei
mir gnädig! Heile mich, denn ich habe an Dir gesündigt. Mich aber
hältst Du trotzdem und stellst mich vor Dein Angesicht ewiglich.
Du Unbegreiflicher. Mein Geist ist zu arm, um Dich zu verstehen.
Mein Glaube zu klein, um Dich zu fühlen. Und mein Körper zu
schwach, um Dir zu folgen. Und der Friede GOTTES, welcher höher
ist denn alle Vernunft, bewahre mein Herz und meine Sinne in
Jesus Christus. Gelobt sei der HERR, der GOTT Israels, von Ewigkeit
zu Ewigkeit! Amen! Amen![48]

Sela

Epilog, 24 Psalmen*

Davids Leben ist erzählt und David lebt in uns weiter – so auch der Zweifel und die Sehnsucht nach GOTT.

So kann ich nicht ruhen und suche seine Psalmen weiter … immer wieder – das hört einfach nicht auf; finde Gedankensplitter – Granatsplitter meiner Seele, die ich in die Psalmen lege. Es ist auch die Angst vor dem Morgen. Bereitet Euch darauf vor, denn der Morgen dämmert schon. Das Morgengrauen wird dieses Land schneller heimsuchen, als ihr es wollt. Dann werden die Totenglocken wieder läuten!

Sieh diese Bilder, sei das Salz der Erde. Gib niemals auf. Und rettest du nur den einen – so du rettest die Welt – schenke deinem Nächsten einen liebevollen Blick in dieser Welt, es kann so segensreich sein – einem Schmetterling gleich, dessen Flügelschlag einen Sturm auslösen kann.

> Wage die Bergpredigt!
> GOTT wird dich nicht verlassen.
> Er bleibt dir auf den Fersen,
> Auch wenn du es nicht glauben kannst, nicht für
> Möglich hältst.
> Lass ab vom Bösen und tue Gutes; suche den
> Frieden und jage ihm nach!

Anmerkung: 24 Psalmen

Wegen der 24 Stunden des Tages bezeichnet die Zahl 24 die Erleuchtung der Gläubigen beziehungsweise des Erdkreises durch Christus oder den Glauben. Aber auch steht die 24 pars pro toto, soll Zeichen der universitas sein. Die Zahl 24 steht als Doppelzwölf für die Stämme Israels und die Apostel oder die Addition der 12 Propheten und der 12 Aposteln.

Leiden und Herrlichkeit

Vorzusingen nach der Weise „Die Hirschkuh der Morgenröte".

Mein Gott, mein Gott, warum hast Du mich verlassen? Ich schreie, aber meine Hilfe ist ferne. Mein Gott, des Tages rufe ich – doch antwortest Du nicht – und des Nachts – und doch finde ich keine Ruhe. Ja, ich habe Dich gerufen und Du antwortest nicht – Du antwortest nicht im Gebet – nicht im Traum – niemals mehr – da sind sie wieder, die Erzählungen aus den unendlichen Kriegen aus der Ferne, kommen aus den Zellen gekrochen, die ich so gerne los wäre und ich nicht abwaschen kann – ich kann es erbrechen und werde es nicht los – ich kann es ausflennen und werde es nicht los – nur die Seele verliert an Masse – das ist alles: in Gottes Namen. So sei es, gepriesen bis in alle Zeiten.

Mein GOTT, warum?

Dank für GOTTES wunderbare Führung

Ein Psalmlied, vorzusingen: Jauchzet GOTT, alle Lande!

Lobsinget zur Ehre seines Namens; rühmet ihn herrlich! Sprecht zu GOTT: Wie wunderbar sind Deine Werke! Deine Feinde müssen sich beugen vor Deiner großen Macht. Alles Land bete dich an und lobsinge Dir, lobsinge Deinem Namen. SELA.

Denn, GOTT, Du hast uns geprüft und geläutert, wie das Silber geläutert wird; Du hast uns in den Turm werfen lassen, Du hast auf unseren Rücken eine Last gelegt, Du hast Menschen über unser Haupt fahren lassen, wir sind in Feuer und Wasser gekommen. Hast uns geläutert wie das Silber – hast uns auseinandergerissen in Feuer und Wasser, dass etwas Anständiges dabei herauskomme. Hast uns Petrus auf den Hals gehetzt, damit der Fischer uns in seinen Netzen fangen möge – uns läutern möge, dass wir uns vor Dir beugen, ein für alle Mal. Ich schaue die Augen, die noch silbern schimmern. Es sind die Augen vom stolzen Fisch, den du, Petrus, gefangen hast; vom Rumpf getrennt, schimmern sie nur noch schwach. Petrus, fange die Menschen vorsichtiger ein – zerhaue sie nicht – stecke dein Schwert an seinen Ort. Denn wer das Schwert nimmt, soll durch das Schwert umkommen.

Petrus

119

Psalm 2

Gottes Sieg ...

Warum toben die Völker und murren die Nationen vergeblich? Die
Könige der Erde lehnen sich auf und die Herrn halten Rat miteinander. Du sollst sie mit einem eisernen Zepter zerschlagen, wie
Töpfe sollst Du sie zerschmeißen. Freut euch mit Zittern, denn sein
Zorn wird bald wieder entbrennen und entbrennt seit Menschen-
gedenken, seit Tausenden von Jahren — zersprungen liegen die
Völker über dem Erdball zerstreut. Keines lässt Du aus. Kommst
mit Feuer und Schwefel über Sodom und Hiroschima — lässt Herzen im Feuerball verdampfen —

Explosion

Die Herrlichkeit GOTTES und die Größe des Menschen

Vorzusingen auf der Gittit.

Wenn ich sehe die Himmel, Deiner Finger Werk, den Mond und die Sterne, die Du bereitet hast, werde ich traurig, weil Du den Menschen mit Herrlichkeit gekrönt hast und ihm alles zu Füßen gelegt hast; auf dass er Dein Werk zertrample, einem ungezogenen Kinde gleich, das über die lächerliche Sandburg des Bruders herfällt. Spielerisch lernen und prägen sich Beuteschemata ein. Diesem Raubtier Mensch hast Du alles überantwortet.
Hast einfach alles unter seine Füße getan, Schafe und Rinder allzumal, dazu auch die wilden Tiere, die Vögel unter dem Himmel und die Fische im Meer. Warum hast Du ausgerechnet dieser Bestie die Krone aufgesetzt? Sie verhöhnt Dich – martert die anvertrauten Geschöpfe und sinnt seit Tausenden von Jahren, sich auch gegenseitig möglichst qualvoll und effizient zu erschlagen. Kain erschlägt wieder und wieder seinen Bruder – Du sendest ihnen auch noch Deinen eingeborenen Sohn – lässt Ihn von dieser Schlangenbrut kreuzigen. Hast Du wirklich bei Dir gedacht, dass die erlöste Schar auch nur einen Hauch friedvoller wäre als ihre Vorväter? Was willst Du, GOTT, uns, Deinem Herrscher Mensch, noch opfern, um uns Menschen in unserer allmächtigen Herrlichkeit zu besänftigen?

Schlachthof

Stille zu GOTT

Ein Psalm Davids, vorzusingen für Jedutun.

Meine Seele ist stille zu GOTT, der mir hilft. Denn er ist mein Fels, meine Hilfe, mein Schutz, dass ich gewiss nicht wanken werde. Wie lange stellt ihr alle einem nach, wollt alle ihn morden, als wäre er eine hangende Wand und eine rissige Mauer? Sie denken nur, wie sie ihn von seiner Höhe stürzen, sie haben Gefallen am Lügen; mit dem Munde segnen sie, aber im Herzen fluchen sie. SELA.

Jedutun, was singst du mir, es schwindelt ... meine Seele kocht und krampft ... ich höre dich — du bist so viele Jahre weit, und doch höre ich dich ganz nah — ja, du sitzt vor meiner Tür — ich höre dein Harfenspiel — es ist ganz leise, sehr zart, zerbrechlich — ich sehe die rissige Mauer — siehst du sie auch — sie ist so unbeschreiblich — und doch will ich es versuchen — hilf mir, Jedutun: Da sitzt mein Ebenbild — der Jäger — statt der Gehörne sehe ich Menschenköpfe. Ja — es sind tatsächlich Menschenköpfe — im Raster — aufgehängt, so wie man Trophäen präsentiert ... Mit stolzer Pose sitze ich da — genügsam — dein Spiel im Ohr — löst sich der Putz von dieser Wand.

Trophäen

(KeinTitel)

Schaffe mir Recht, GOTT,

und führe meine Sache wider das treulose Volk und errette mich von den falschen und bösen Leuten! Denn Du bist der GOTT meiner Stärke: Warum hast Du mich verstoßen? Warum muss ich so traurig gehen, wenn mein Feind mich drängt?

Hier liege ich nun zu Unrecht verurteilt im Staub. Sehe all diese unschuldig Angeklagten, die um der Gerechtigkeit willen kämpften und in den Gefängnissen dieser Welt landeten. Die Eisenstangen sind fest. Hier gibt es kein Entrinnen mehr. Zu Hunderten und Tausenden eingepfercht. Wir sorgen uns um das geschundene Huhn in den Legebatterien unserer reichen Länder. Pflegen unser Gras in unseren Vorgärten mit goldenen Sicheln. Verbieten den Kindern darauf zu spielen. Üben Gehorsam an ihnen ... bieten der Biene Nahrung und Wohnstatt — dem fetten Köter von nebenan operieren wir den Tumor noch einmal heraus, und die um der Gerechtigkeit willen kämpfen, auf der anderen Seite der Welt, werden wie Geziefer geschlagen, gefoltert und von uns vergessen.

Schau in ihre Augen — Was betrübst du dich, meine Seele, und bist so unruhig in mir?

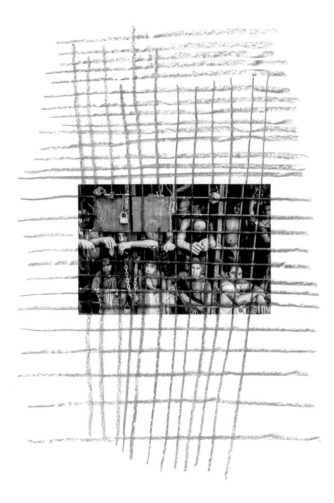

Gefangene

Psalm 14

Torheit der Menschen

Vorzusingen.

Die Weisen sprechen in ihrem Herzen:. Es ist kein GOTT — GOTT ist vor der Zeit gestorben. Selbst der Haifisch hat ein liebendes Herz, würde man ihn mit GOTTES Kindern vergleichen.

Wo einst Odysseus mit Poseidon rang im Mittelmeer und immer wieder heimatlos an fremde Ufer anspülte, schiffbrüchig ein ums andere Mal, wurde er in der Fremde aufgenommen. Das ist lange her — heute sind die Boote kleiner — voller — es ertrinkt sich schneller in dem antiken Meer. Wo ist Hilfe — HERR, Du schaust: Ja, Du, HERR, schaust vom Himmel auf die Menschenkinder, auf dass Du siehst, ob jemand klug sei und nach Dir frage.

Aber sie sind alle abgewichen und allesamt verdorben. Da ist keiner, der Gutes tut, auch nicht einer.

Stimmt — obwohl, es gibt da welche — angefochten auf ihren Schiffen, die sicheren Häfen bleiben immer wieder sehr lange verschlossen. Das sind einige wenige — doch bedenke: Unsere Brüder und Schwestern ersaufen im Meer ... und es werden immer mehr, jeden Tag, den der liebende GOTT uns schenkt.

Flüchtlingsboot

Unter dem Schatten Deiner Flügel

Du prüfst mein Herz und suchst mich heim bei Nacht, sodass ich keinen Schlaf mehr finde. So schreie ich zu Dir: Behüte mich wie einen Augapfel im Auge, beschirme mich unter dem Schatten Deiner matten Flügel und sieh zu, dass sie mir die Augen nicht herausstechen. Wie sieht es aus, wenn eben dort hinein in den Kopf die glühende Stange fährt und das Licht auslöscht – in Deinem Reich – gleich wie ein Löwe, der nach Raub giert.

Ich werde Dein Antlitz nicht mehr schauen können aus verbrannten, verätzten Höhlen im Gesicht. Blind werde ich über den Tod hinaus wandeln in der Finsternis ...

Geblendeter

PSALM 53

Die Torheit der GOTTLOSEN

Eine Unterweisung Davids, vorzusingen beim Reigentanz.

Die Toren sprechen in ihren Herzen: „Es ist kein GOTT." Sie taugen nichts; ihr Treiben ist ein Gräuel; da ist keiner, der Gutes tut. GOTT schaut vom Himmel auf die Menschenkinder, dass er sehe, ob jemand klug sei und nach GOTT frage. Aber sie sind alle abgefallen und allesamt verdorben; da ist keiner, der Gutes tut, auch nicht einer. Sie jagen dem Mammon nach, wie einst die Kinder Israels um das goldene Kalb tanzten. Sie rennen und raffen, tagein tagaus. ihre Häuser entschwinden in den Wolken. Babylons Turm, ein schwaches Vorspiel. Selbst wenn die Flugzeuge in ihnen explodieren, schießen sie wieder empor, Deiner verachtend. Es ist kein GOTT: GOTT, wer bist du noch? Wir spotten deiner Armseligkeit. Du schlachtest unser Kalb nicht. An den Börsen steigen die Kurse. Und irgendwo wird weit weg unter Tränen und Hitze genäht, bis die Hallen brennen. Wir trinken den Champagner — aus den Reisschalen der Armut in Kristall gehüllt. Das geht gut, das geht so lange gut, wie Du nur auf uns Menschenkinder herabschaust. Schau Du nur ... Dein strafender Blick gleicht einem Neutrino. Es fährt ganz unbemerkt durch einen hindurch. In großen Becken können wir es sogar messen — Deine Strahlen, die wir nicht fühlen. Werden dem goldenen Kalbe weiter dienen, der Dividende entgegensehend. Und die ist reichlich. SELA.

Goldenes Kalb II

Des Menschen Pracht vergeht

Ein Psalm der Korachiter, vorzusingen nach der Weise der Jugend.

Denn man wird sehen: Auch die Weisen sterben, so wie die Toren und Narren umkommen; sie müssen ihr Gut anderen lassen. Gräber sind ihre Häuser immerdar, ihre Wohnungen für und für, wenn sie auch ihre Namen ausrufen über Länder. Der Mensch kann nicht bleiben in seiner Pracht, sondern muss davon wie das Vieh. Fürchte dich nicht, wenn einer reich wird, wenn die Herrlichkeit seines Hauses groß wird. Denn er wird nichts bei seinem Sterben mitnehmen, und seine Herrlichkeit wird ihm nicht nachfahren. Er wird dahingehen, es wird sich Asche zu Asche fügen und Staub zu Staub. Fürchte dich nicht, deine Kindeskinder werden auch dich vergessen. Wirst verwehen in den Winden – Schall und Rauch werden verfliegen. Fürchte dich nicht, wenn sie reich sind, werden sie versuchen ihre Herrlichkeiten in Mausoleen und Katakomben zu retten. Denn sie werden nichts mitnehmen können beim Sterben. Mazerierte Knochen werden dich aus hohlen Schädeln anstarren. Leere Augenhöhlen, dem Glanz der Augen beraubt – ihr Glanz ist für immer dahin. Schädel so leer wie deine Erinnerungen. Der Mensch kann nicht bleiben in seiner Pracht, sondern muss davon wie das Vieh.

Katakomben

Psalm 13

Hilferuf eines Angefochtenen

Vorzusingen.

Schau doch und erhöre mich —
Erleuchte meine Augen, dass ich nicht im Tod entschlafe.
Ich sehe nur noch schwach.
Der Rauch beißt in ihre Augen.
Überall brennt und schwelt es.
Selbst die Lumpen um den Kopf halten die giftigen Gase nicht
mehr fern.
Die Kinder auf den Deponien in fernen Welten — über meinem Müll
nach Erzen schürfend, verbrennen sie nicht nur an der Seele, son-
dern auch am Leib. Ich traue nicht mehr darauf, dass Du so gnädig
bist; mein Herz ängstigt sich, weil Du nicht mehr hilfst. Ich will dem
HERRN wehklagen, dass er die Kinder vergessen hast. SELA.

Mülldeponie

GOTTES Herrlichkeit ...

Er hat der Sonne ein Zelt am Himmel gemacht; sie geht heraus wie ein Bräutigam aus seiner Kammer und freut sich wie ein Held zu laufen die Bahn, und nichts bleibt vor ihrer Glut verborgen.

Es gibt Tage, da rollt sie so mächtig durch die Himmelsbahn, dass die Frucht der Erde verdorrt und die Feuer sich in ihrem strahlenden Gesicht widerspiegelt.

Dann frisst sich das Feuer in der Nacht weiter durch die vertrockneten Wälder. Da fackelt es lichterloh auf und verzehrt alles, was sich ihm in den Weg stellt.

Das ist ein Opferrauch, der Dir, HERR, gefällt. Dann rennt das Ungeziefer um sein Leben und bangt und hofft, dass sich die Winde legen. Preist Deine Herrlichkeit, wenn sich Wolken vor die Sonne schieben — ihr Antlitz verbergen und wieder Wasser aus dem Himmel fällt auf das wüste öde Land.

Nach dem Feuer

Psalm 40

Dank, Klage und Rettung

Ich harrte des HERRN, und er neigte sich zu mir und hörte mein Schreien. Er zog mich aus der grausigen Grube, aus lauter Schmutz und Schlamm, und stellte meine Füße auf einen Felsen, dass ich sicher treten kann; er hat mir ein neues Lied in meinen Mund gegeben, zu loben unsern GOTT.

Es ist ein neues Lied – der Stoff ist alt und spielt lange vor der Zeit, da noch Frieden war zwischen Himmel und Erde und das Licht noch nicht geschieden war von der Finsternis. Da ruhte das Universum vor dem großen Knall in sich. SELA. Ich schaue Dein Auge!

Vor dem Urknall

Gebet eines unschuldig Verfolgten

Ein Klagelied Davids, wegen der Worte des Kusch.

Auf Dich, Herr, mein Gott traue ich!

Hilf mir von allen meinen Verfolgern und errette mich, dass sie nicht wie Löwen mich packen und zerreißen, weil kein Retter da ist. Sela.

Das Reich von Kusch gebietet über Nubien. Ein gewaltiges Reich — noch heute kann man diese antiken Stätten im heutigen Sudan besuchen. In Kerma wurden die Reste ausgegraben. Paläste — Tempel — Raubkunst und Grabanlagen — alles, was die Menschheit seit aufrechtem Gang so hinbekommt. Und Opferstätten. Menschenopfer den Göttern. Warmes Feindesblut floss über die Altarsteine. Es floss und floss, und zwar so viel, dass sich selbst David fürchtet, auf diesen Steinen zu enden. Kusch — der Feind aus dem Süden. Kehrt einer nicht um und wetzt sein Schwert und spannt seinen Bogen und zielt, so hat er selber tödliche Waffen gerüstet und feurige Pfeile bereit. Wettrüsten seit frühesten Menschheitstagen. Im letzten Kalten Krieg standen allein auf amerikanischer Seite 744 Langstreckenbomber bereit, davon ständig immer Dutzende — Tag und Nacht — in der Luft: um aus 900 Primärzielen geeignete mit Atombomben auszumerzen, um sie für eine lange, sehr lange Zeit zu verwüsten — verbrannte Erde. Sela.

B52

143

Der Sieg GOTTES

Ein Psalmlied Davids, vorzusingen.

GOTT steht auf; so werden seine Feinde zerstreut, und die ihn hassen, fliehen vor ihm. Wie Rauch verweht, so verwehen sie; wie Wachs zerschmilzt vor dem Feuer, so kommen die Frevler um vor GOTT. Die Flügel der Tauben sind überzogen mit Silber, und ihre Schwingen schimmern von Gold.

Die Raumschiffe mit Gold und Keramik ausgekleidet. Die Flügel überzogen mit Silber jagen wir in den Himmel, dem Ikarus gleich fliehen wir Dich und stürzen ihm gleich beim Flug in den Orbit. So beim Challenger-Unglück: Da sahen die Kinder in Echtzeit zu, als im Fernseher die Challenger auseinanderflog und ihre Lehrerin und die Astronauten verdampften. Als der Allmächtige dort Könige zerstreute, fiel Schnee auf dem Zalmon. SELA.

Man sieht GOTT, wie er einherzieht, wie er, mein GOTT und König, einherzieht im Heiligtum, derweil die Sänger gehen voran, danach die Spielleute inmitten der Mädchen, die da Pauken schlagen. Das Wachs an den Flügeln ist geschmolzen, die goldenen Schwingen sind gebrochen.

Dann schlugen die verkohlten Wrackteile ins Meer, das bisschen Mensch gab es nicht mehr, war im Rauch verweht. SELA.

Ikarus — hier

Gemeinschaft mit GOTT

Denn er deckt mich in seiner Hütte zur bösen Zeit. Harre dem HERRN — sei getrost und unverzagt und harre dem HERRN und harre und harre — nur wer auf Godot wartet, ist ein Erlöster — welch Trottel harrt heute noch dem HERRN? Vor wem sollte dir grauen? Höchstens vor dir selbst ... da solltest du vorsichtig sein — schau dich an im Spiegel — erschrecke — vergiss den HERRN — vor ihm sollte dir grauen — sei gewiss — er holt dich heute noch mit seinen Träumen ab. Da werden Vater und Mutter verlassen sein — da wirst du verschlungen werden, straucheln und fallen. SELA. Fallen ins Bodenlose ...

Fallen

In GOTTES Händen geborgen

Denn Du bist mein Fels und Burg
Verstummen sollen die Lügenmäuler
Die da reden wider den Gerechten frech, stolz und höhnisch.
Seid getrost und unverzagt. Trotz aller Anfechtung. Aber seid gewiss, die Lügenmäuler werden ihr Recht behalten — vom Brexit bis zum Niedergang Europas — bis die Nationalsuppen wieder kochen, so selbstverständlich, wie ein Felsen, der aus der Brandung ragt. Ein Wahlzettel zerreißt genauso leicht wie vor 100 Jahren, und Krakeeler gibt es auch schon wieder viele, zumindest genug, um eine Republik zu zerschlagen.
Ihr werdet es auslöffeln, obwohl ich zu Dir schreie.

Neue Nazis

Die Freude der Buße

Eine Unterweisung Davids.

Deshalb werden alle Heiligen zu Dir beten zur Zeit der Angst; darum, wenn große Wasserfluten kommen. Ja, sie werden kommen. Das Eis im Norden kommt in Strömen herab, wird Insel und Länder vertilgen — rette sich, wer kann, damit er nicht ersaufe in den Fluten. Das gab es schon einmal. Die Arche war zu klein — hat nur die Stärksten gerettet. Wie wird es diesmal kommen? Nehmen wir auch die Poeten mit, die auf Zauberseilen tanzen, oder die Bürokraten? Wie sieht die Welt danach aus? Stell dir vor, du wärest Noah und solltest deine Familie auf den rettenden Kahn in eine neue Welt tragen — wen nähmest du mit? Das ist keine leichte Frage. Heute verstehe ich, dass Noah damals eine Chance verpasst hat. Da waren so viele — doch nur die Besten kamen auf den Nachen. Da ging so viel Zartes unter. Passt auf, das darf um Gottes Willen nicht noch einmal geschehen. Ihr seht ja, welche Brut uns Noah unter dem Regenbogen geschenkt hat. Das sind unsere Gene … wer ist in den Fluten versunken — ich möchte es nicht ahnen — mein Herz wird wund. Ja wenn die Wellen kommen werden, wenn wir die Erde zertrampelt haben, steigen wir in Raumkapseln und fliegen zu fernen Planeten — wen werden wir diesmal einsammeln, wenn all die Heiligen zu Dir beten in der Zeit der Angst? Darum, wenn große Wasserfluten kommen, wen werden wir dann mitnehmen? Hoffentlich euch, meine lieben Kinder — dann bin ich längst tot — aber ich fürchte, es geht wieder schief, und Haifisch und Löwe werden sich tummeln in fernen Welten wie vor Zeiten auf dem verlorenen Erdenball. Eigentlich furchtbar. Ich brauche jetzt Ruhe. Sela.

Kosmonauten

Ein feste Burg ist unser GOTT

Ein Lied der Korachiter, vorzusingen nach der Weise „Junge Frauen".

GOTT ist unsre Zuversicht und Stärke, eine Hilfe in den großen Nöten, die uns getroffen haben. Darum fürchten wir uns nicht, wenngleich die Welt unterginge und die Berge mitten ins Meer sänken, wenngleich das Meer wütete und wallte und von seinem Ungestüm die Berge einfielen. SELA.
Hin und wieder fliegt eine Insel in die Luft und hinterlässt ein Kraterloch, das sich mit Wasser füllt. Das ist seit Urzeiten ein immerwährendes Schauspiel, und dann wieder ergießt sich glühende Lava zischend in die Fluten. Tiefengestein – geschmolzener Granit wälzt sich alles verzehrend ins Meer, verdampfend, brodelnd erstarrt dieser Furor aus dem Erdinneren zu kristallinen Basalttempeln. Die Himmel verdunkeln sich, und ein unsäglich heißer Staub- und Ascheregen geht nieder und legt sich über das Land. Begräbt Mensch und Vieh und Stadt unter sich. Mensch hinterlässt nur einen Hohlraum in der Ascheschicht – es wird nichts übrig bleiben außer diesen verzweifelten Hohlräumen, geformt im Angesicht des Todes.
Kommt her und schauet die Werke des HERRN, der auf Erden solch ein Zerstören anrichtet, der den Kriegen ein Ende macht in aller Welt, der Bogen zerbricht, Spieße zerschlägt und Wagen mit Feuer verbrennt.
Dennoch soll die Stadt GOTTES fein lustig bleiben mit ihren Brünnlein, da die heiligen Wohnungen des Höchsten sind.
Kommt her, schaut es euch an. SELA.

Gefüllte Hohlräume

153

Psalm 37

Das scheinbare Glück ...

Befiehl dem HERRN deine Wege und hoffe auf ihn, er wird es wohl machen. Sei stille dem HERRN und warte auf ihn. Warte und schau dich um ... Beobachte den Raum zwischen wartenden Menschen. Beobachte ihn auf den Bahnsteigen – im Zug oder in den Abflughallen und vergiss mir nicht die Arztpraxen – dort, wo der Mensch im nächsten Moment auf seine Ausscheidungen und deren Zusammensetzung sowie seine Flüssigkeiten reduziert wird. Da könnte so viel passieren. Da könnte so viel Zugewandtes, Liebevolles sein. Tut es aber nicht – es ist so furchtbar stumm – voller Angst – scheinbar leer. Schneide ihn heraus, diesen Raum, diesen Zwischenraum, der die Menschen trennt auf engstem Raum, und stelle ihm den nächsten herausgeschnittenen Zwischenraum gegenüber. Dann haben sich diese Gebilde auf einmal etwas zu erzählen – bekommen ein menschliches Antlitz – Würde! – auf Deinen Wegen. SELA.

Die Gerechten werden das Land erben und darin wohnen allezeit. Wer draußen war, wird für immer draußen bleiben und sich in seine Wohnstatt in zerfallenen Höhlen aus dem letzten Krieg verkriechen müssen. Ihr Haupt werden sie betten in den Ruinen. Das Lager wird hart und feucht sein. Sie werden so matt sein, dass sie dennoch schlafen werden. Ratten und Ungeziefer behüten ihren Schlaf. Ihre Würde ist dahin.

Schlafplatz

GOTT krönt das Jahr mit seinem Gut

Ein Psalm Davids, vorzusingen.

GOTT, man lobt Dich in der Stille zu Zion, und Dir hält man Gelübde. Du erhörst Gebete; darum kommt alles Fleisch zu Dir. Unsre Missetat drückt uns hart; Du wollest unsre Sünde vergeben. Sei stille, mein Herz, und höre. Sei stille und höre — höre meine Missetat — sie lauert und giert nach mir und will mich vertilgen. Ich spüre es in jeder Zelle; in jedem Zellkern hockt der Frevel. Es kriecht in den letzten Winkel meines Körpers. Da wird es dunkel und stille um mich. Vergib mir meine Schuld und führe mich nicht in Versuchung — wolltest mir meine Sünde doch vergeben — denn sonst fährt mein Leben dahin ... SELA.
Ich vertraue auf Dich — auf wen sollte ich denn sonst bauen? Erschreck mich nicht des Nächtens. Erschrecke mich nicht am Tage, denn ich fürchte Dich — gib mir Frieden und sei mir Sünder gnädig. SELA.

Zellkern

PSALM 29

Lobpreis der Herrlichkeit GOTTES

Der GOTT donnert über großen Wassern.

Seine Stimme zerbricht Zedern, die Zedern des Libanon — im Libanon fallen die Bomben — er lässt hüpfen wie ein Kalb den Libanon. Syrien ... Gaza ... Israel ... den ganzen Nahen Osten, und alle machen mit.

Der Herr wird sein Volk segnen mit Frieden.

Beschuss

In Schmach, Schande und Scham

Von David, vorzusingen nach der Weise der „Lilien".

GOTT, hilf mir! Denn das Wasser geht mir bis an die Kehle. Ich versinke in tiefem Schlamm, wo kein Grund ist; ich bin in tiefe Wasser geraten, und die Flut will mich ersäufen. Ich grabe nach dem schwarzen Gold im fernen Land unter hohem Himmel. Die Sonne brennt, das Öl schießt in einer Fontäne aus der undichten Druckleitung. Ich versinke im schwarzen Schlamm. Die Beine versagen. Diese Flut will mich ersäufen. Und die Schmach bricht mir mein Herz und macht mich krank. Das Leck wird so bald nicht geschlossen werden. Weiter draußen in der Wüste suchen die Helikopter die Terroristen. Ich warte, ob jemand Mitleid habe, aber da ist niemand. Ich warte auf Tröster, aber ich finde keine. Sie geben mir Galle zu essen — Blood for Oil — und geben mir Essig zu trinken — SELA.

Erdöl

161

Der Friedefürst und sein Reich

Von Salomo. GOTT, gib Dein Recht dem König und Deine Gerechtigkeit dem Königssohn, dass er Dein Volk richte in Gerechtigkeit und Deine Elenden nach dem Recht. Lass die Berge Frieden bringen für das Volk und die Hügel Gerechtigkeit. Er soll den Elenden im Volk Recht schaffen und den Armen helfen und die Bedränger zermalmen. Er soll leben, solange die Sonne scheint und solange der Mond währt, von Geschlecht zu Geschlecht. Er soll herabfahren wie der Regen auf die Aue, wie die Tropfen, die das Land feuchten. Zu seinen Zeiten soll blühen die Gerechtigkeit und großer Friede sein, bis der Mond nicht mehr ist. Er soll herrschen von einem Meer bis ans andere und von dem Strom bis zu den Enden der Erde. Vor ihm sollen sich neigen die Söhne der Wüste, und seine Feinde sollen Staub lecken. Die Könige von Tarsis und auf den Inseln sollen Geschenke bringen, die Könige aus Saba und Seba sollen Gaben senden. Alle Könige sollen vor ihm niederfallen und alle Völker ihm dienen. Denn er wird den Armen erretten, der um Hilfe schreit, und den Elenden, der keinen Helfer hat. Er wird gnädig sein den Geringen und Armen, und den Armen wird er helfen. Er wird sie aus Bedrückung und Frevel erlösen, und ihr Blut ist wertgeachtet vor ihm. Er soll leben, und man soll ihm geben vom Gold aus Saba. Man soll immerdar für ihn beten und ihn täglich segnen.

Gelobt sei sein herrlicher Name ewiglich, und alle Lande sollen seiner Ehre voll werden! Amen! Amen! Zu Ende sind die Gebete Davids, des Sohnes Isais.

Sohn GOTTES

Karte

Die 12 Stämme Israel und Davids Stationen auf der Flucht vor Saul, sowie herausgehobene Kriegsschauplätze.

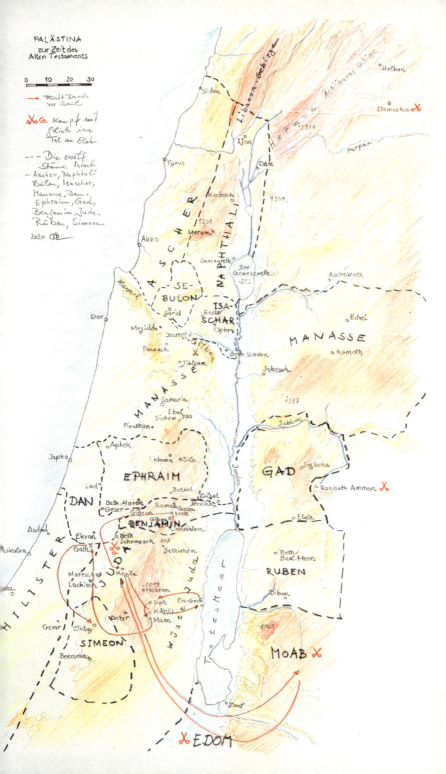

Danksagung

Lieber Prinz Asfa-Wossen Asserate, Sie gaben mir wieder die Kraft dieses Werk zu vollenden. Ich danke Ihnen sehr für all die Unterstützung, die hilfreichen Worte und den bezaubernden Text im Lichte Davids.

So kann der David nun in die Welt hinaus und seine Leserschaft finden, die nun mein Ringen mit GOTT teilen können.

Großer Dank gebührt erneut Anja Rosendahl und Lars Borngräber. Ein perfektes Layout gibt Zeugnis davon. Ihr habt mich getrieben. So wuchs aus den Psalmen in den letzten vier Jahren der David. Die Gestaltung des Covers trägt die geübte sichere Handschrift von Lars Borngräber. Du katapultierst den David aus der Dunkelheit ins Licht. Danke, dass ihr mich so professionell begleitet habt.

Ganz besonders herzlich möchte ich mich bei meiner Pfarrerin Elisabeth Wedding bedanken. Du hast Dich der Tücken des Lektorats angenommen und das Manuskript mit feinem, klarem Geist durchdrungen. Wir haben gemeinsam gerungen um ein Wort – eine Silbe, die Tempi, immer wieder hinterfragt und GOTT gesucht. Eine wunderbare Zusammenarbeit. Und zuletzt, lieber Herr Bolten: Ihnen gebührte der letzte Schliff!

Thyra, Dir widme ich den David. Du hast mich auf Händen getragen, in durchwachter Nacht. Du schenktest mir Geduld und Zuversicht und gabst mir schließlich den nötigen Mut, dass dieses Werk entstehen konnte.

David im Hebräischen: Der Geliebte

FIN

Anmerkungen

1   Bethlehem (Haus des Brotes); Stadt in Juda, 9 km südlich von Jerusalem. Geburtsort Davids. Seine größte Bedeutung erlangte Bethlehem als Geburtsort Jesu, des von den Propheten verheißenen Messias. Die Geburt Jesu, die Erscheinung der Engel vor den Hirten, die Anbetung der Hirten vor der Krippe, die Weisen aus dem Morgenland und der Kindermord des Herodes haben Bethlehem zu einem der bekanntesten Orte der Christenheit gemacht. Seit dem 4. Jahrhundert ist die über der vermeintlichen Geburtsstätte errichtete Kirche eines der großen christlichen Pilgerziele.

2   Nizewet Bat Adel – Bedeutet soviel wie die Standfeste. Von ihr ist in der jüdischen Bibel, dem Tanach, keine Spur zu finden, aber im Midrasch (von „drasch" Suchen, Erforschen) der rabbinischen Literatur und Exegese; die den Tanach interpretiert und zu erklären versucht. Dort wird „Nitzevet" als die Mutter von David erwähnt.

3   Zwölf Stämme Israel – Das Wort Stamm erscheint erstmals bei Gen 49,16. Die zwölf Stämme stammen von einer einzigen Familie ab. In Jakobs Segen über seine Söhne sind in folgender Reihenfolge aufgeführt: Ruben, Simeon, Levi, Juda, Sebulon, Issachar (die sechs Söhne Leas), Dan, (der erste Sohn Bilhas), Gad und Asser (die Söhne Silpas), Naftali (der zweite Sohn Bilhas) und schließlich Josef und Benjamin (die beiden Söhne Rahels). Die Stämme hatten religiöse und politische Funktionen innerhalb des Volkes Israel. Jeder Stamm teilte sich in kleinere Einheiten (Geschlechter, Sippen, Häuser) auf, deren Häupter die Ältesten der Israeliten waren. Die Stämme spielten bereits eine wichtige Rolle während der Wanderung der Israeliten durch die Wüste. Ihre Häupter halfen Moses, das Volk aus der Wüste Sinai zu führen. Die Stämme spielten auch eine Schlüsselrolle bei der Eroberung und Besiedlung Kanaans. Die Aufzählung der Gebiete, die den Stämmen zugeordnet wurden, stellt die erste vollständige Beschreibung des Landes dar. Nach dem Tod Salomos (jüngster Sohn Davids) spaltete sich das Königreich in das Nordreich ISRAEL mit zehn der zwölf Stämme und das Südreich JUDA (mit Benjamin).

4 Die vier Buchstaben JHWH bezeichnen im Hebräischen den Namen GOTTES. Im Judentum ist dieser Name heilig und wird nicht ausgesprochen.

5 SELA – Ist ein wiederkehrendes Tonzeichen in den Psalmen. Er ist das Zeichen für einen Ruhepunkt bzw. das Schlusszeichen einer Strophe. Der Ursprung des Wortes könnte sich auf Samech – Lamed – Ajin beziehen, was „steil aufragender Felsen" – Echofelsen bedeutet. Dann könnte dieses Tonzeichen als Echo oder Refrain gedeutet werden. Das Zeichen findet sich auch häufig als Abschluss der Inschrift auf jüdischen Grabsteinen in der Verbindung „Amen – SELA".

6 Der Urtext: Der gute Hirte, ein Psalm Davids. – Der Herr ist mein Hirte, mir wird nichts mangeln. / Er weidet mich auf einer grünen Aue / Und führet mich zum frischen Wasser. / Er erquicket meine Seele. / Er führet mich auf rechter Straße um seines Namens willen. / Und ob ich schon wanderte im finsteren Tal, fürchte ich kein Unglück; / denn du bist bei mir, dein Stecken und Stab trösten mich. / Du bereitest mir einen Tisch im Angesicht meiner Feinde. / Du salbest mein Haupt mit Öl und schenkest mir voll ein. / Gutes und Barmherzigkeit werden mir folgen ein Leben lang, / und ich werde bleiben im Haus des Herrn immerdar. – Die Wege und Schicksalsgemeinschaft des Hirten mit der Herde schließen die Möglichkeit mit ein, dass auch Gott selber verwundet, verletzt und überwältigt werden könnte. Womit der Psalm 23 weit über die damaligen Beter und seinen Gedankenhorizont hinausweist in noch heillosere Zeiten, da Gott und sein Volk den Gewalttätern „im Tal des Todesschatten" nicht zu entkommen vermochten. Aus Kurt Marti – Die Psalmen

7 Linda Wenzel wurde 2016 von Kämpfern der Gruppe Ahrar al-Scham am Grenzübergang Bab al-Hawa in der syrischen Provinz Idlib aufgegriffen und von Kämpfern der Jund al-Aqsa abgeholt, die den IS bei Waffentransport und Schmuggel unterstützt. Die Dschihadisten schmuggelten das Kind auf IS-kontrolliertes Gebiet in Syrien. Dort heiratete sie einen tschetschenischen IS-Kämpfer. Später wurde sie weiter nach Mossul gebracht. Kurz nach Ankunft in Mossul wurde ihr Mann getötet. Im Februar 2017 begann die irakische Armee mit der Rückeroberung Mossuls. Am 9. Juli 1917 eroberten die Iraker den letzten Zufluchtsort der IS. Linda Wenzel versteckte sich mit anderen Frauen in einem Tunnelsystem. Am 13. Juli wurden sie und weitere 19 weibliche IS-Anhänger festgenommen.

Sie hatte ein Kind zur Welt gebracht und war durch eine Schusswunde im Oberschenkel verletzt. Im Februar 2018 wurde sie in Bagdad zu sechs Jahren Haft verurteilt. Linda Wenzel erklärte im Interview: „Ich weiß nicht, wie ich auf eine so dumme Idee kommen konnte, weil ich mein Leben ruiniert habe. Ich habe genug vom Irak, von all dem Krieg und den Waffen." — Süddeutsche Zeitung, Februar 2018

8   Gibea (siehe Karte) — Hebräisch: Hügel. Sauls Stadt. Gibea wird heute mit Tell el-Ful (Hügel der Bohnen) gleichgesetzt, das auf einer Anhöhe von 825 m fünf km nördlich von Jerusalem liegt. Die Stadt war von 1250 v. Chr. bis 70 n. Chr. besiedelt. Bei den Ausgrabungen 1922/23 und 1933 fand man eine Zitadelle aus dem 11. Jahrhundert v. Chr. Die rechteckige Anlage hatte eine Grundfläche von 52 × 34 Metern, besaß einen Innenhof und wurde von Türmen an den vier Ecken gesichert. Die Reste eines der imposanten Festungstürme waren im 19 Jahrhundert noch sichtbar.

9   Belsazar — Die Mitternacht zog näher schon; / in stummer Ruh lag Babylon. / Nur oben in des Königs Schloss, / da flackert's, da lärmt des Königs Troß; / Dort oben, in dem Königssaal, / Belsazar hielt sein Königsmahl. / Die Knechte saßen in schimmernden Reih'n, / Und leerten die Becher mit funkelndem Wein. / Es klirrten die Becher, es jauchzten die Knecht; / So klang es dem störrigen Könige recht. / Des Königs Wangen leuchten Glut: / Im Wein erwuchs ihm kecker Muth. / Und blindlings reißt der Muth ihn fort; / Und er lästert die Gottheit mit sündigem Wort. / Und er brüstet sich frech, und lästert wild; / Die Knechtschaft ihm Beifall brüllt. / Der König rief mit stolzem Blick; / Der Diener eilt und kehrt zurück. / Er trug viel gülden Geräth auf dem Haupt; / Das war aus dem Tempel Jehovas geraubt. / Und der König ergreift mit frevler Hand / Einen heiligen Becher, gefüllt bis am Rand; / Und er leert ihn hastig bis auf den Grund, / Und rufet laut mit schäumendem Mund: / Jehovah! Dir künd' ich ewig Hohn — / Ich bin der König von Babylon! / Doch kaum das grause Wort verklang, / Dem König ward's heimlich im Busen bang. / Das gellende Lachen verstummte zumal; / Es wurde leichenstill im Saal. / Und sieh! Und sieh! An weißer Wand / Da kam's hervor wie Menschenhand; / Und schrieb, und schrieb an weißer Wand / Buchstaben von Feuer, und schrieb und schwand. / Der König stieren Blicks da

saß, / Mit schlotternden Knien und totenblaß. / Die Knechtenschaar saß kalt durchgraut, / Und saß gar still, gab keinen Laut. / Die Magier kamen, doch keiner verstand / Zu deuten die Flammenschrift an der Wand. / Belsazar ward aber in selbiger Nacht / Von seinen Knechten umgebracht. – Heinrich Heine, 1820 aus dem Gedichtzyklus Junge Leiden. 1827 im Buch der Lieder erschienen. Siehe auch Daniel 5,22–30

10 „Es ist ein Ros entsprungen" ist ein Weihnachtslied aus dem 16. Jahrhundert. Text und Melodie finden sich im Speyerer Gesangbuch (gedruckt 1599 in Köln). Die populäre zweite Strophe schuf der Komponist Michael Praetorius, der einen weitverbreiteten vierstimmigen Chorsatz zu dem Lied 1609 verfasste. Der Text bezieht sich auf Jesaja 11,1 „Und es wird ein Reis hervorgehen aus dem Stamm Isais und ein Zweig aus seiner Wurzel Frucht bringen." – Es ist ein Ros entsprungen / aus einer Wurzel zart / als uns die Alten sungen / aus Jesse kam die Art / und hat ein Blümlein bracht / mitten im kalten Winter / wohl zu der halben Nacht / Das Röslein das ich meine / Davon Isaias sagt / Hat uns gebracht alleine / Marie die reine Magd / Hat sie ein Kind geboren / Wohl zu der halben Nacht.

11 Gath, Aschdod, Gaza (siehe Karte) – Seit dem 12 Jahrhundert v. Chr. gehören die Städte Gath, Aschdod, Gaza, Aschkelon und Ekron zu den fünf bedeutenden Küstenstädten der Philister. Sie gründeten die Pentapolis – den Fünfstädtebund. Gath ist eine Stadt, die mehrfach im Tannach genannt wird. Sie soll auf dem Gebiet der Philister im Elahtal zwischen den Orten Gaza und Aschdod gelegen haben. Gath wurde um 830 v. Chr. von König Hasael von Damaskus erobert und zerstört (siehe 2 Kön 12,18). Die Lokalisierung des historischen Gath (Weinpresse) ist nicht zweifelsfrei geklärt. Aschkelon ist eine der ältesten und wichtigsten Städte in der Region. Die Stadt findet bereits 1900 v. Chr. Erwähnung. Im 13. Jahrhundert v. Chr. erhob sich die Stadt mehrmals gegen die Ägypter. Der Sieg Ramses II. über Aschkelon ist in den Reliefs von Karnak aufgezeichnet. Heute liegt Aschkelon nördlich des Gazastreifens in Israel und zählt 140 000 Einwohner. Am 5. Mai 2019 wurden 250 Raketen aus dem Gazastreifen auf Aschkelon abgefeuert. Ein Mann starb. Über Aschkelon stiegen die Raketen des Abwehrsystems „Eiserne Kuppel" auf und fingen die Raketen ab. Noch am selben Tag

wurden im Anschluss 120 Ziele im Gazastreifen durch die israelische Armee angegriffen. – Gaza ist über dem antiken Gaza errichtet worden. Das alte Stadtgebiet erstreckte sich quadratisch über 1 km². Vor dem 12. Jahrhundert v. Chr. war Gaza der Verwaltungssitz der Ägypter in Kanaan. Heute leben ca. 550 000 Menschen in Gaza. Es ist die größte Stadt im Gazastreifen und steht unter der Verwaltung der Palästinischen Autonomiebehörde, de facto aber wird sie von der Hamas kontrolliert. In der Agglomeration der Stadt leben 1,4 Millionen Menschen. Die Stadt erstreckt über 46 km.

12 Lilien: Die Lilie war ein Symbol der Schönheit. „Und warum sorgt ihr euch um die Kleidung? Schaut die Lilien auf dem Feld an, wie sie wachsen: Sie arbeiten nicht, auch spinnen sie nicht. Ich sage euch, dass auch Salomo in all seiner Herrlichkeit nicht gekleidet gewesen ist wie eine von ihnen." (Mt 6,28–29)

13 Ophir – In der Bibel wird Ophir als das Land des Goldes erwähnt. „Und Salomo baute Schiffe in Ezjon-Geber, das bei Eilat liegt am Ufer des Schilfmeers im Lande Edom. Und Hiram sandte auf die Schiffe seine Leute, die gute Schiffsleute und auf dem Meer erfahren waren, zusammen mit den Leuten Salomos. Und sie kamen nach Ophir und holten dort vierhundertzwanzig Zentner Gold und brachten's dem König Salomo." (1 Kön 9,26–28) – Ophirgold galt als Gold bester Qualität. Die genaue Lage ist nicht bekannt. Arabien, Ostafrika, sogar das entfernte Sumatra wurden vorgeschlagen. Im Israel Museum ist ein hebräisches Ostrakon (beschriebenes Tontäfelchen) aus dem 8. Jahrhundert v. Chr. ausgestellt, auf der eine Goldlieferung aus Ophir erwähnt wird.

14 Der Löwe – ein Tier, das für Macht und Furcht steht – schon sein Brüllen lässt einen zittern. Am Ende ist David selbst der stärkste Löwe. „Juda ist ein junger Löwe. Du bist hochgekommen, mein Sohn, vom Raube. Wie ein Löwe, der sich hingestreckt, und wie eine Löwin sich lagert. Wer will ihn aufstören." Gen 49,9 – Im neuen Testament steht der Löwe Juda für Christus: „Weine nicht! Siehe, es hat überwunden der Löwe aus dem Stamm Juda, die Wurzel Davids, aufzutun das Buch und seine sieben Siegel." (Offb 5,5) – Heute hat der Löwe von Juda seinen Platz im Stadtwappen von Jerusalem.

15 Sif – Schmelzplatz. Stadt in den Bergen Juda (siehe Karte)

16 Wüste Maon – Dem Namen nach gehört sie zur Stadt Maon. Maon ist das heutige Kirbet Main, südöstlich von Hebron – (siehe Karte).

17 Sela-Mahlekoth ist ein Felsen in der Wüste Maon (siehe Karte).

18 Nob – Anhöhe Stadt im Gebiet Benjamin. Nach der Rückkehr aus dem babylonischen Exil wurde Nob von den Benjaminitern besiedelt, Neh 11,32 (siehe Karte).

19 En-Gedi ist eine Oase am Westufer des Toten Meeres, die nach kräftigen Quellen benannt ist, die sie bewässert. Im Altertum war En-Gedi berühmt wegen seiner wohlriechenden Pflanzen. Die Zypernblumen in den Weingärten von En-Gedi werden in Hld 1,14 erwähnt. Es wurde berichtet, dass dort Palmen und Opobalsamstauden (Balsam-Duftstoffe) wuchsen – siehe Karte.

20 Hebron war die Hauptstadt der Kalebiter, des mächtigsten jüdischen Clans. Folgerichtig war sie der natürliche Wohnsitz des Königs von Juda.

21 Hebron – Es ist eine der ältesten Städte Juda. Hebron war bereits 1800 Jahre v. Chr. besiedelt. Es gehörte einst den Hethitern. Abraham erbaute dort einen Altar (Gen 13,18) und begegnete Gott. Heute zählt Hebron über 200 000 Einwohner. Die Stadt liegt ca 30 km südlich von Jerusalem auf 930 m Höhe. – 1100 n. Chr. eroberte Gottfried von Bouillon Hebron. – Saladin eroberte es 1187 n. Chr. zurück. Die Mamelucken regierten die Stadt, bis sie 1516 n. Chr. unter die Herrschaft des osmanischen Reichs fiel. 1831 bis 1840 n. Chr. übernahm der ägyptische Feldherr Ibrahim Pasha Hebron. Nach Wirren im Ersten und Zweiten Weltkrieg kehrten die Juden erstmals 1968 in die Stadt zurück. Seither ist die Stadt nicht zur Ruhe gekommen – siehe Karte.

22 Gilboa, Freudenfülle (siehe Karte) – Gilboa ist eine Bergkette südöstlich der Jesreel-Ebene. Sie erstreckt sich über 20 Kilometer und erhebt sich bis auf 506 Meter. Hier unterlag Saul in seiner letzten Schlacht den Philistern und 1260 n. Chr. gelang es bei den Bergen von Gilboa dem Mamelucken-General Baibars die eingedrungenen Mongolen zurückzuschlagen und anschließend selber Sultan von Ägypten und Syrien zu werden.

23 Golanhöhen (siehe Karte) – seit jeher besiedelt. Unter dem Berg Hermon wächst Wein zwischen zerschossenen Panzern aus der letzten Schlacht. Um 1900 n. Chr. wurden auf den Golanhöhen jüdische Siedlungen gegründet. 1923 n. Chr. wurden die Golanhöhen vom britischen Mandatsgebiet Palästina abgetrennt und

dem französischen Mandatsgebiet Syrien/Libanon zugeschlagen. Während des Sechstagekrieges (5. Juni 1967 bis 10. Juni 1967 n. Chr.) eroberte Israel die Golanhöhen. Für Israel ist die Annexion der Golanhöhen unter militärstrategischen Aspekten und wegen der Wasserversorgung von höchster Bedeutung. Die Golanhöhen werden auch weiterhin ein Zankapfel zwischen Israel und Syrien und dem Libanon bleiben. Am 25. März 2019 n. Chr. wurden die Golanhöhen als Teil von Israel formell von den Vereinigten Staaten von Amerika anerkannt.

24 Seraphim, Brennende — Das hebräische serafim ist der Plural von saraf. In (Num 21,8) bezeichnet saraf die eherne Schlange. Saraf — Schlange — ist vom hebräischen Verb saraf abgeleitet, das brennen bedeutet, nach dem brennenden Schmerz, den ein Schlangenbiss hinterlässt. Die geflügelten Wesen haben sechs Flügel. In manchen Abbildungen bedeckt ein Flügelpaar das Gesicht, weil derjenige, der Gott sieht, sterben wird (siehe Ex 33,20). Ein weiteres Flügelpaar bedeckt die Füße und das mittlere schließlich dient zum Fliegen. „Und — die Schwellen bebten von der Stimme ihres Rufens und das Haus war voll Rauch." (Jes 6,4) — Seraphina ist ein von serafim abgeleiteter weiblicher Vorname und uns umkreist im Weltall der Hauptgürtelasteroid (838) Seraphina mit einer Geschwindigkeit von 17,5 km / Sekunde.

25 Babylon — Der antike Name bedeutete möglicherweise Tor der Götter. Die Hebräer leiteten das Wort von Babel ab. Babylon ist die griechische Namensform. Unter Hammurabi (dem sechsten König der ersten Dynastie 1792 bis 1750 v. Chr.) blühte die Stadt auf. 331 v. Chr. wurde Babylon von Alexander dem Großen erobert, der die in Zerfall begriffene Stadt wieder errichten wollte. Doch nach seinem Tod setzte der lange Abstieg Babylons ein. In römischer Zeit war es nur noch ein Ruinenhügel. Von der einstigen Pracht war nichts geblieben. Das gewaltige Ischtar-Tor kann man in Berlin bewundern und die einstige Pracht dieser sagenumwobenen Stadt erfahren. Die Straße vom Ischtar-Tor führte zum heiligsten Teil der Stadt, in dem sich die meisten Heiligtümer befanden. Im Zentrum eines großen Hofes (365 m × 460 m) standen der Marduk-Tempel und der Turm zu Babel.

26 TUTU — Tutu ist eine alte sumerische Gottheit, die bereits im 4. Jahrtausend v. Chr. verehrt wurde. In der sumerischen Königsliste regierte er vor der Sintflut

in Suruppak für 18 600 Jahre. Tutu war auch Stadtgott der Babylon zugehörigen Stadt Borsipa. Er wurde im Laufe der Zeit mit dem babylonischen Stadtgott Marduk gleichgesetzt und ging schließlich in ihm auf.

27 Hund – In Jesaja und in Jeremia werden Hunde als Bewohner von Ruinen und verlassenen Orten erwähnt – stehen somit als Sinnbild für Zerstörung und Untergang.

28 Baal – Herr, Gebieter, der Mächtige – Baal ist eine Bezeichnung für mehrere kanaanitische Götter, aber speziell für den obersten, den Sturmgott. Der Mythos seines Ursprungs findet sich in mehreren epischen Texten, die in Ugarit gefunden wurden. Sein Name wird auch in den El-Amarna-Briefen erwähnt. Baal wurde als der Beherrscher des Windes und des Regens verehrt und daher mit der Fruchtbarkeit des Landes, ja der ganzen Erde in Verbindung gebracht (siehe Dtn 33,26 und Ps 104,3 und öfter im Alten Testament). Im Neuen Testament wird er nicht mehr erwähnt. Bedenkt man jedoch wie universal, wie vielschichtig dieser Gott war, so kann man ihn durchaus mit dem Gott dieser Welt gleichsetzen.

29 Der geistlich Reiche läuft Gefahr, sich über Gott zu erheben und selbst zu entscheiden, was gut und was böse ist. Seine Erfolge schreibt er sich oft selber zu. Der geistlich Arme ist sich seiner Grenzen und Unvollkommenheiten bewusst.

Der geistlich Reiche glaubt, dass er die Hilfe Gottes nicht braucht und dass er sich durch gute Taten das Reich Gottes erarbeiten kann; er stellt Vergleiche mit dem Nächsten an, fasst seine eigenen Verdienste zusammen und blickt auf den herab, der (vermeintlich) weniger aufzuweisen hat.

Der geistlich Arme erhebt sich nicht über den Anderen, er weiß, dass das Heil nicht verdient werden kann, sondern stets Gnade bleibt. Er wirkt in Demut vor Gott, weil der Glaube ihn dazu drängt.

Der geistlich Arme weiß: Gott liebt mich und jeden meiner Nächsten genau wie mich, was ein Urteil über den Anderen verhindert.

30 Die Seligpreisungen aus der Bergpredigt Jesu, Mt 5,3–10. Die Seligpreisungen sind so etwas wie das Grundgesetz der Christenheit. Daran sollte ein Christenmensch sein Handeln ableiten. Die Seligpreisungen sind nicht verhandelbar. Vor allem sind die Seligpreisungen ein einziger großer Segenszuspruch. Jesus wie

Paulus fordern dazu auf, Fluch mit Segen zu beantworten (siehe Lk 6,28 und Röm 12,14).

31 „Suche den Frieden und jage ihm nach." Jahreslosung für 2019.

32 Das Ordenskreuz ist den Johannitern und den Maltesern gemeinsam. Aus weißem Leinen gefertigt, wird es auf der Herzensseite des schwarzen Gewandes als ein Zeichen der Hingabe an Christus getragen. Die Kreuzform erinnert an den Opfertod Christi. Die acht Spitzen weisen auf die acht Seligpreisungen der Bergpredigt hin.

33 Urusalim — u-ru-sa-lim ist in den Amarna-Briefen aus dem 14. Jahrhundert v. Chr. belegt. Bei den Amarna-Briefen handelt es um Tontafeln in akkadischer Keilschrift aus dem Palastarchiv von Pharao Echnaton aus seiner Residenz Achet-Aton, dem heutigen Tell el-Amarna in Ägypten. Die Bedeutung könnte auf uru für Palast/Stadt und schalim zurückgehen. Schalim war die kanaanitische Gottheit der Abenddämmerung und möglicherweise der Patron der Stadt. Jeruschaljim ist eine feierliche Dualform und kam erst in der Zeit des zweiten Tempels (70—395 n. Chr.) auf. Poetische und religiöse Titel wie der biblische Name Zion oder heilige Stadt bezeichnen Jerusalem als die Stadt des einen, einzigen Gottes der Juden und der Christen.

34 1099 n. Chr. gründete Meister Gerhard in Jerusalem einen Hospitalorden, den Johanniter-Orden. — *„Unsere Bruderschaft wird unvergänglich sein, weil der Boden, auf dem diese Pflanze wurzelt, das Elend der Welt ist — und weil, so Gott will, es immer Menschen geben wird, die daran arbeiten, dieses Leid geringer, dieses Leid erträglicher zu machen."* Meister Gerhard

35 Golgatha. Der Name der Kreuzigungsstätte Jesu (Mt 27,33) geht auf das aramäische Golgatha zurück (Schädel/Schädelstätte) Die frühe christliche Tradition sucht den Ort westlich der Zweiten Mauer von Jerusalem. Im 2. Jh. n. Chr. bauten die Römer an dieser Stelle einen Aphroditentempel. Nach dem Konzil von Nicäa 325 n. Chr. fühlte sich Kaiser Konstantin verpflichtet, den heiligsten Ort, den Ort der Auferstehung, zum Ort der Verehrung zu machen, sichtbar für alle. 330 n. Chr. wurden die Reste des Aphroditentempels eingerissen und dort eine Grabeskirche erbaut. Sie enthielt die letzten Stationen des Kreuzweges,

Golgatha und das Grab Jesu. In der heutigen Grabeskirche, die von den Kreuzfahrern erbaut wurde, haben sich viele Reste des konstantinischen Baus erhalten.

36 Zionstor — Das Zionstor öffnet von Süden, von Hebron aus, den Zugang zum jüdischen Viertel der Altstadt. Das Tor hat den Beinamen „Tor des Propheten David", da das Grab Davids der islamischen Überlieferung nach auf dem Berg Zion gelegen ist. Das Tor wurde 1540 n. Chr. unter Sultan Suleiman dem Prächtigen errichtet. Im israelischen Unabhängigkeitskrieg war das Zionstor Schauplatz erbitterter Gefechte. Die Einschusslöcher sind heute noch gut auszumachen.

37 Ammon (siehe Karte) — Das Land der Ammoniter war östlich des Jordans und südlich des Jabboks gelegen. Die Ammoniter ließen sich dort im 13. Jahrhundert v. Chr. nieder, zusammen mit den Moabitern und Edomitern, deren Siedlungen weiter im Süden lagen. Die Ammoniter werden als Nachkommen Lots genannt (Gen 19,38) — Zunächst reichte Ammon bis an den Jordan, aber durch das Eindringen der Gaditer und des Stammes Manasse wurde die Grenze in Richtung der Wüste nach Osten verschoben (Jos 13,8–11). Von frühester Zeit bestand Feindschaft zwischen den Israeliten und den Ammonitern (Dtn 23,3–4).

38 Moab (siehe Karte) — Die Moabiter gehen auf die inzestuöse Vereinigung von Lot mit seiner ältesten Tochter zurück, die ihm einen Sohn gebar: Moab. Die Moabiter waren Nomaden, die in der syrisch-arabischen Wüste lebten, bevor sie 14 Jh. v. Chr. in Moab sesshaft wurden Der Hauptgott der Moabiter war Kemosch; ihr Land befand sich östlich des Toten Meeres, zwischen Edom und Ammon. Mose starb in Moab, wo er auch begraben wurde. Zwischen Israel und Moab herrschten fast ständig Feindseligkeiten.

39 Edom (siehe Karte) — Das Land grenzte im Norden an Ammon und im Westen an das Tote Meer. Anfang des 4. Jahrtausend v. Chr. war das Land von halbnomadischen Völkern bewohnt. Moab ist in einer ägyptischen Aufzeichnung von Ramses III. erwähnt. Er ordnete eine Strafexpedition in das Land an. David war der erste israelitische Herrscher, der Edom eroberte. Herodes war edomitischer Abstammung.

40 Damaskus, die Hauptstadt Syriens, war im Altertum als Karawanenknotenpunkt an einer fruchtbaren Oase im Süden Syriens wohlhabend. Der Handel mit Wein

und Wolle florierte. Damaskus war im 2 Jahrtausend v. Chr. zu einem wichtigen Zentrum der Aramäer geworden, so mächtig, dass sie mit den Assyrern konkurrieren konnten. David eroberte die Stadt und unterjochte sie. Auf seinem Weg nach Damaskus wurde Saulus (Paulus), der die dortigen Christen verfolgen wollte, durch eine Erscheinung Jesu bekehrt und später in Damaskus getauft. Kurz vor Ausbruch des jüdischen Aufstandes gegen Rom (66 n. Chr.) wurden alle Juden von ihren nichtjüdischen Mitbürgern getötet. Heute leben im Ballungsraum um und in Damaskus über 2,8 Millionen Menschen.

41 Zitat aus: Über den Begriff der Geschichte, Kapitel IX von Walter Benjamin, 1940.

42 Aramäer – Bei den Aramäern handelt es sich um eine Gruppe von semitischen Stämmen. Diese stammen von Noahs Kind Sem ab. Damaskus (siehe Anmerkung 39) war im 8. und 9. Jh v. Chr. die bedeutendste Stadt der Aramäer. Nach der Teilung des Großreiches Salomos herrschte ein permanenter Kriegszustand zwischen den Aramäern und den Israeliten. Der Aufstieg Assyriens zum Weltreich hatte die Folge, dass es zu einem Bündnis zwischen Israel und Aram (heutiges Syrien) kam. 853 v Chr. fand die große Schlacht von Qarqar am Orontes zwischen dem Bündnis und Assyrien statt. Dem Bündnis folgten neben Israel und Aram zehn weitere Länder. Das Bündnis stellte insgesamt ca. 6 000 Streitwagen, 2 000 Reiter, 1 000 Kamelreiter und 72 000 Fußsoldaten. Ihnen stand eine Armee von 100 000 Mann der Assyrer gegenüber. Zwar konnte die Allianz die Assyrer zurückschlagen, aber die Auseinandersetzungen mit dem Assyrischen Reich hörten nicht auf. Auf die Übergriffe der Assyrer auf Israel und Juda beziehen sich viele Aussagen der alttestamentlichen Prophetie. Die Propheten deuten diese Angriffe oft als ein Zeichen des Zorns Gottes auf sein abtrünniges Volk. Andererseits verkörpern sie auch den Segen, den Schutz, unter dem das Volk Israel und Juda stehen. *„Der Herr wird seine Hand ausstrecken nach Norden und Assur umbringen. Ninive wird er öde machen, dürr wie eine Wüste"* (Zef 2,13).

43 Der Teich von Silo (hebr. Sender/Leitungskanal) ist ein Teich in Jerusalem, in den das Wasser der am Ostfuß des Berges Zion gelegenen Gihonquelle fließt. Der Teich stellte die Wasserversorgung Jerusalems sicher. Im Schutz der Mau-

er war dieses Tunnelsystem nebst dem Teich von Siloah eine Lebensversicherung für Jerusalem.

44 Die Jebusiter waren ein Volk aus dem kanaanitischen Stamm. Sie waren zur Zeit der Landnahme Kanaans durch die Israeliten auf dem Gebirge Juda ansässig. Sie sollen von Josua bekämpft worden sein, hielten sich aber in der festen Stadt Jebus (Jerusalem). David eroberte die Stadt nebst Burg, und die letzten Jebusiter machte Salomo tributpflichtig.

45 Judasbaum – Nach der Legende hat sich Judas Ischariot an einem solchen Baum erhängt. Laut einer Erzählung des Mittelmeerraumes sei der Baum daraufhin vor Scham rot angelaufen (siehe die rosaroten Blüten). Ergänzend hierzu kann man die runden Blätter, die sich erst während der Blüte bilden, als die Silberstücke deuten, die Judas für seinen Verrat bekam.

46 Die Hethiter waren eines der mächtigsten Völker im Alten Orient, das seinen Herrschaftsbereich über den nordöstlichen Teil Kleinasiens ausbreiten konnten. Um etwa 2000 v. Chr. stellten die Hethiter bereits Töpferwaren auf der Drehscheibe her. Die hethitischen Bauern bauten Weizen, Gerste, Trauben und Früchte an. Sie hielten Pferde, Kühe, Schafe, Ziegen, Schweine, Hunde, Geflügel und Bienen. – Im Mittelpunkt des Hethiterreiches standen verschiedene Gottheiten mit dem Donnergott und der Sonnengöttin an der Spitze. Anfänglich wurden die Götter durch einfache Steine dargestellt, später nahm der Sturmgott die Gestalt eines Stieres an, schließlich die eines Menschen. Das Gesetzbuch der Hethiter bestand aus zwei Teilen und umfasste 100 Gesetze. Es gab Gesetze zur Gewalttätigkeit, Sklaverei, Diebstahl, Eheschließung, Ehebruch etc. Die Todesstrafe wurde nur bei besonders schweren Vergehen, wie Zauberei und Ungehorsam gegenüber dem König, gefällt. Die Macht dieses Reiches kann man ermessen, wenn man sich die Schlacht bei Kadesch 1274 v. Chr. vor Augen führt. Die Ägypter unter Ramses II. griffen die Hethiter mit dem damals größten Heer der ägyptischen Armee an. Sie bestand aus ca. 20 000 Mann. Die Hethiter stellten sich dem Angriff mit einem Heer von ca. 37 000 Mann entgegen. Am Ende konnten die Ägypter Kadesch nicht erobern. Trotz der Patt-Situation ließ Ramses in propagandistischer Weise die Schlacht als Sieg darstellen. Beeindruckend ist, dass 15 Jahre nach der Schlacht die beiden Völker unter Ramses II.

und Hattusili III. einen Friedensvertrag schlossen. Es handelt sich dabei um den ältesten bekannten Friedensvertrag der Welt. Symbolisch für den Frieden ist eine Kopie des Vertrages im UNO-Gebäude in New York ausgestellt.

47 Hirte – Das Hirtenbild wurde im Orient im Altertum auf Herrscher aller Art angewandt. Das Weiden steht als Synonym für das Regieren. Der gerechte Herrscher sorgt sich auch um die Schwachen. Das Bild des guten Hirten wurde auch ikonografisch auf Jesus übertragen. In der christlichen Kirche wird das Bild des Hirten in der Nachfolge Christi schließlich vom Bischof personifiziert. Sichtbar wird es mit dem Tragen des Palliums durch den Papst. Das Pallium symbolisiert das wiedergefundene Schaf.

48 Amen – sich selbst vergewissern, sich festmachen, sich ausrichten auf Gott. Amen ist sowohl in der jüdischen wie auch in der christlichen und islamischen Tradition fest verankert. Die Wurzel des Wortes bedeutet im Hebräischen fest, zuverlässig, wovon sich das hebräische Wort Emuna ableitet: Treue, Zuversicht, Glaube. – Im Arabischen hat Amana die gleiche Bedeutung im Wortstamm. Amen bedeutet somit viel mehr als: So sei es. (Hebräisch kennt keinen Konjunktiv!) Das jüdische Gottesbild benötigt nicht die menschliche Billigung. Wichtig ist es, dass das Gemeindeglied im jüdischen Gottesdienst mit einem beherzten Amen sich dem Gehörten durch seine persönliche Anteilnahme anschließt und in der Gemeinschaft bekennt. Das Gehörte besitzt persönliche Gültigkeit.

Die wichtigsten Frauen und Kinder Davids

1. Michal, Tochter Sauls (1 Sam 18,20 + 27-28) — kinderlos

2. Ahinoam, Frau von Saul (2 Sam 3,2) — Kind: Amon

3. Abigail, Frau von Nabal (2 Sam 3,3) — Kind: Chileab

4. Maacha, Tochter von Talmai-König von Geschur (2 Sam 3,3) — Kind: Absalom, Tamar (2 Sam 13,1-3)

5. Haggit, (2 Sam 3,4) — Kind: Adonija

6. Abital, (2 Sam 3,4) — Kind: Schefatja

7. Egla, (2 Sam 3,5) — Kind: Jitream

8. Batseba, Tochter von Eliam und Frau von Uriel (2 Sam 11,3) — Kinder: Salomo, Schammua, Sobab, Nathan

David hatte insgesamt mindestens 16 Kinder. Er hatte weitere Frauen und Nebenfrauen, die nicht alle namentlich erwähnt werden. Einiges bleibt im Vagen. So taucht Tamar gleich mehrfach in der Bibel auf. Legendär die Enkeltochter und Tochter Tamar von David. Sie ist auf jeden Fall auch die Schwiegertochter von Juda, einem der Söhne Jakobs. Das ist schwierig mit den Frauen in der Bibel, da sie nicht immer wirklich erwähnt werden ...